아마존 웹 서비스

AWS Discovery Book

아마존 웹 서비스
AWS Discovery Book

초판 1쇄 발행 | 2019년 2월 10일
초판 8쇄 발행 | 2023년 9월 25일

지 은 이 | 권영환
발 행 인 | 이상만
발 행 처 | 정보문화사

편 집 진 행 | 노미라

주   소 | 서울시 종로구 동숭길 113 (정보빌딩)
전   화 | (02)3673-0037(편집부) / (02)3673-0114(代)
팩   스 | (02)3673-0260
등   록 | 1990년 2월 14일 제1-1013호
홈 페 이 지 | www.infopub.co.kr

I S B N | 978-89-5674-823-8

Amazon Web Services

아마존 웹 서비스

AWS Discovery Book

권영환 지음

정보문화사
Information Publishing Group

머리글

2015년 봄이었던 것으로 기억됩니다. 운영하던 시스템이 빈번하게 H/W 장애가 발생했습니다. 가장 확실한 해결책은 H/W 교체와 솔루션에 대한 업그레이드였지만, 고객의 IT 담당자로부터 "예산 문제와 복잡한 내부 문제로 인해 H/W 교체와 신규 시스템을 도입하기 어렵다"는 의견을 전달받았을 때 시스템 운영 책임자로서 매우 난감했습니다.

당시 여러 가지 해결책을 찾던 과정에서 클라우드와 Amazon Web Services를 접하게 되었습니다. 처음에는 '빌려 쓰는 서비스'라는 생각과 '쓴 만큼 지불한다'는 과금 방식에 대해 막연한 두려움이 있었습니다. 그 이유는 보통의 IT 프로젝트에서 H/W 인프라를 도입한다면 초기에 많은 투자 비용이 발생할 수 있지만, 초기 투자 비용 예측이 가능하며, 이후 운영 및 유지를 위해 필요한 비용을 예측할 수 있기 때문에 기업 입장에서는 투자 계획을 예측할 수 있습니다.

하지만 당시 상황은 초기 투자 비용을 사용할 수 없는 입장에서 클라우드 서비스만큼 매력적인 대안을 찾을 수 없었기 때문에 기존 시스템을 클라우드로 전환하는 것을 검토하게 되었고, 그중에서 Global No1 클라우드 서비스 공급자인 Amazon Web Services를 선택하게 되었습니다.

지금은 대부분 메뉴와 설명들이 한글화되어 있어서 처음 접하더라도 어려움이 없지만, 2015년 프로젝트 초기에는 EC2, S3, RDS, VPC 등 생소한 용어와 새로운 기능들 그리고 모든 명령어와 메뉴들이 영어로만 표기되어 있어서 용어와 개념에 대한 이해의 어려움이 있었습니다. 다만 인프라를 설치/구성하고 웹 서비스를 위한 소스와 데이터를 이전하는 일에는 많은 시간이 걸리지 않았습니다.

그러나 메일 서비스를 오픈한지 한 시간 만에 매우 난감한 상황에 봉착하였습니다. 메일 서버에서 외부로 메일을 발송하지 못하는 것이었습니다. 당시에는 지금과 같이 AWS 파트너의 도움을 받을 수도 없는 상황이었기 때문에, 직접 AWS Support Center를 통해 Case를 오픈하였고, 호주에 위치한 Amazon Web Services 엔지니어의 도움으로 짧은 시간 안에 문제를 해결할 수 있었습니다.

클라우드 서비스의 효율성과 민첩성, 그리고 항상 고객의 입장에서 생각하며 고객을 위해 노력하는 Amazon 철학에 대해 놀라지 않을 수 없었습니다. 그리고 저는 확신했습니다. 앞으로 클라우드 서비스의 무한한 가능성에 대해서 말입니다. 2015년 봄에 시작하여 가을에 마무리된 '클라우드 이전 프로젝트'는 저의 첫 번째 클라우드 프로젝트이자, Amazon Web Services 프로젝트로 기억됩니다.

개인 블로그에 클라우드 관련 강좌를 올리면서 관련 문의를 종종 받았습니다. 그중 가장 많이 받게 되는 질문은 "IT 지식이 없는 상황에서 클라우드를 공부하고 싶은데, 어떻게 해야 하나요?", "대학교 졸업반인데, 클라우드 자격증을 취득하려면 얼마나 많은 시간을 투자해야 할까요?", "IT 관련 경험은 많지만 클라우드는 처음입니다. 어떻게 시작해야 할까요?" 등이었습니다.

또한 클라우드 인력 양성을 위한 사내 강좌를 진행하면서 클라우드 서비스에 대해 어떻게 하면 보다 빠르고 손쉽게 이해시킬 수 있을지에 대해 많은 고민이 있었습니다. 클라우드를 공부하면서 가장 어려운 것은 다음과 같다고 생각했습니다.

첫 번째, 전문 용어 및 정의와 개념에 대한 이해가 필요합니다.
IT 분야에서 오랫동안 일을 했어도 어려움을 호소하는 부분 중 하나가 전문 분야에 대한 개념, 용어, 정의에 대한 이해입니다. 그리고 기술이 발전함에 따라 계속적으로 공부를 해야 한다는 부분이 아닌가 생각됩니다.

두 번째, 클라우드 전문가가 되려면 IT 분야의 다양한 서비스 이해가 필요합니다.
IT 분야 전문가들은 특정 서비스에 대해서만 전문인 경우가 대부분입니다. 예를 들면 서버 전문가, 네트워크 전문가, 보안 전문가 등이나 웹 개발자, 응용 프로그램 개발자 등입니다. 하지만 클라우드 전문가가 되려면 다양한 서비스에 대한 전반적인 지식과 경험이 필요합니다. 물론 클라우드도 특정 서비스의 전문가들이 있고, 최근에는 AI, BigData, DevOps 등의 전문가를 위한 서비스가 지속적으로 추가되고 있습니다. 이러한 서비스에 대한 전반적인 이해가 바탕이 된다면 보다 빠르게 클라우드 전문가가 될 수 있을거라 생각됩니다.

세 번째, 초보자도 쉽게 클라우드 서비스에 접해볼 기회가 필요합니다.

최근 Amazon은 매달 오프라인/온라인 세미나와 Amazon Web Services 공식 웹 사이트를 통해 다양한 교육 기회를 제공하고 있습니다. 그러나 바쁜 직장인과 학생이 시간을 내서 클라우드 서비스를 공부하기에는 어려움이 있는 것이 사실입니다.

그래서 Amazon Web Services를 접하는 초보자를 대상으로 주요한 용어와 개념에 대해 차근차근 설명하고 손쉽게 따라할 수 있도록 책을 만들게 되었습니다. 처음 접하거나, 막연한 두려움이 있더라도 이 책을 통해 공부하며 Amazon Web Services에 대한 지식을 쌓아서, 본인이 원하는 곳에 적용하며 도움이 되었으면 좋겠습니다.

이 책의 집필을 시작할 때는 호기심과 처음 하는 일에 대한 두려움이 있었습니다. 하지만 필자의 작은 노력으로 많은 분에게 도움이 될 수 있다면 이 또한 큰 기쁨이 될 것으로 생각됩니다.

마지막으로 지금까지 도움을 주신 모든 분들께 감사의 말씀을 전하고 싶습니다.

책 집필을 핑계로 자주 놀아주지 못하고 컴퓨터 앞에서 씨름하고 있는 아빠에게 든든하게 힘이 되어준 멋진 아들 민우, 민재, 너무나도 헌신적인 아내이며 아이들에게 자상한 어머니 김혜욱 사랑합니다. 하늘나라에서 항상 지켜봐 주시는 어머니, 아버지께 이 책을 바칩니다.

권영환

감수자의 글

2018년 유난히 무더웠던 여름, 아마존 웹 서비스 입문서를 쓰겠다는 저자의 이야기를 듣게 되었습니다. 물론 아마존에서 배포한 백서를 보면 서비스별 상세한 소개 및 가이드가 명시되어 있지만, AWS 입문자들에게는 마치 고시 지망생들이 시험과목 전집 참고서를 보고 느끼는 막연함처럼, 무엇을 어디부터 어떻게 시작해야 하는지에 대한 부분이 버겁게 다가올 수밖에 없으리라 생각되었습니다.

그런 점에서 이 책은 저자가 직접 AWS 서비스를 구축하고 얻은 실무적인 경험을 아낌없이 공유하는 의미 있는 시도라고 볼 수 있습니다. 저 역시 20여 년 IT 업무에 종사했지만 IT 쪽의 변화는 요 근래 앞을 내다보기 힘들 정도로 격변하고 있습니다.

오랫동안 거래해온 하드웨어 공급 업체에서는 이미 영업에 어려움을 호소할 정도로 신규 장비 구매나 솔루션 도입 등이 급감하고 있는 상황입니다. 특히 신규 오픈하는 스타트업(Start Up) 기업 중 전통적인 방식으로 인프라를 구축하는 업체는 전혀 없는 상황입니다.

구소련이 붕괴될 때 〈Scorpions〉의 'wind of change'라는 곡이 발표되었습니다. 당시의 시대를 반영한 곡이었고 냉전의 종식을 선언하는 의미 있는 곡이었습니다. 지금의 IT 환경 또한 그와 다르지 않습니다.

이미 IBM의 Watson 같은 인공지능 서비스는 의료서비스를 인간의 손에서 벗어나게 할 수 있는 실질적인 역할이 가능한 서비스로 대두되고 있습니다. 더 중요한 사실은 그런 서비스를 기업이 자체적으로 구축할 필요가 없다는 것입니다.

미래 인프라의 핵심은 빌려 쓰는 것입니다. 듀오 링고라는 통/번역 서비스 회사가 있습니다. 이는 아마존 렉스(Lex)의 자연어 처리 기술, 알렉사(Alexa)의 자동 음성 인식 기술 등을 서비스 형태로 받으며, 이미 상업적으로 그 입지를 굳혀 나가고 있습니다.

이외에도 나사 및 미국 심장협회 등이 이미 아마존의 AI 기술을 적용한 서비스를 제공하고 있습니다. 여러 고객사의 경험이 축적된 AI는 자체적으로 학습합니다. 그렇기 때문에 시간이 지날수록 더 나은 서비스를 저렴한 가격에 제공할 수 있습니다.

아마 가까운 미래엔 R&D 부서가 여러 회사에서 사라질지도 모르겠습니다. 클라우드의 신기술을 어떻게 사용하는지, 그러한 신기술이 어디에 있는지를 알고 조합하는 일이 더욱 일상화 될 것입니다.

어느날 갑자기 LP 레코드판이 사라진 것처럼, 서버와 솔루션을 전산 센터에 설치해서 운영하는 것이 과거의 유물이 되어가는 과도기입니다. 이 책을 통해 클라우드 서비스가 만들어가는 변화의 바람을 느끼고 미래에 대한 작은 첫걸음을 내딛는 계기를 만들었으면 좋겠습니다.

현대상선 정보기획팀 팀장

이현우

추천사

IT 관련 일을 하다가 지금은 다른 업무를 담당하고 있지만, 클라우드 서비스는 우리 생활에 정말 밀접하게 자리 잡고 있는 서비스라고 생각합니다. 이런 호기심과 관심으로 처음 접한 이 책은 IT에 대한 지식과 경험은 있지만, 클라우드 서비스를 처음 접하는 사람들도 손쉽게 클라우드와 Amazon Web Services로 안내해주는 좋은 안내서라고 생각합니다. 클라우드에 관심이 있지만 어떻게 시작해야 할지 막연한 초보자들과 클라우드 관련 자격증에 관심이 있는 학생들에게 좋은 길잡이가 되리라 생각합니다.

전기공사공제조합 차장 조영주

다른 사람에게 자신이 알고 있는 지식을 전달하는 가장 좋은 방법 중 하나가 책입니다. 이 책을 읽으면서 '경험'이라는 단어가 많이 떠올랐습니다. 어떻게 하면 내 경험을, 내 지식을, 내가 알고 있는 정보를 다른 사람들에게 쉽게 접근할 수 있도록 할 수 있을까? 고민과 고민을 거듭한 흔적들을 많이 엿볼 수 있었습니다. 이 책을 통해 해당 분야를 시작하는 모든 분들이 저자가 전하고자 하는 것들을 자신의 경험과 지식으로 만들 수 있기를 바랍니다. 현 분야에서 전문가가 되는 것이 가장 중요한 자기개발 방법이라는 저자의 말이 인상 깊게 남았습니다. 이 책을 보는 많은 분들은 이미 자기개발 방법을 알고 있을 것이라 생각됩니다. 모든 분들에게 행복이 가득하길 바랍니다.

플랫폼 s/w 개발 전문가 김진백

누구나 쉽고 빠르게 사용할 수 있는 것이 클라우드의 장점이라지만, 정작 초보가 접근하기에는 어려움이 많습니다. 이 책은 현업에서 많은 프로젝트를 수행했던 저자의 경험을 바탕으로 노하우를 담아 퍼블릭 클라우드 입문자가 따라 하기만 하면 몇 시간 만에 바로 이용할 수 있도록 안내합니다. 특히 본인의 경험에서 우러나는 노하우를 잘 풀어 쓴 에필로그와 실습 마무리 삭제 가이드는 초보자에게 도움이 되는 아주 친절한 가이드라고 생각됩니다.

인천 스마트시티 기술본부 차장 박종안

단지 귀동냥으로 아는 것과 실제 경험을 통해 지식으로 남기는 것에는 많은 차이가 있습니다. 이 책은 클라우드라는 두루뭉술한 개념을 필자의 생생한 경험에서 우러나오는 지식을 바탕으로 매우 명쾌하고 친절하게 전달해 주고 있습니다. 특히 장마다 실습과 에필로그를 곁들여 누구나 쉽게 이해하고 활용할 수 있도록 해줍니다. Jeff Bezos가 자신의 작은 차고에서 오늘날 천문학적 기업 가치를 가진 Amazon을 창조해냈듯이 이 작은 책 한 권이 AWS를 처음 접하는 개발자나 클라우드에 관심 있는 분들에 의해 세상을 바꾸는 제4차 산업혁명의 불쏘시개가 될 것입니다. 미래가 궁금하다면 지금 바로 AWS의 세계로 Log-in 해 보세요!

교육그룹 박문각 부장 김근배

이 책은 클라우드 컴퓨팅과 AWS에 대해 처음 접하는 초보자들도 IT 용어와 개념을 알기 쉽게 정리되어 있어서 좋았습니다. 그리고 AWS에 대해 처음 접하는 사람도 각 챕터별로 준비된 실습 코너를 통해 하나하나 따라 하다 보면 어렵지 않게 결과물을 만들어낼 수 있습니다. 마치 장인이 한 땀, 한 땀 바느질한 것처럼, 각 실습 별로 만들어진 캡처 화면은 처음 접하는 초보자들도 손쉽게 따라할 수 있도록 준비되어 있어 좋습니다. 이 책을 시작으로 AWS의 다양한 다른 서비스에 대해서도 이처럼 쉽게 접할 수 있도록 출간해주면 좋을 것 같다는 생각이 듭니다.

HST 차장 신동원

프로젝트를 위해 각 H/W 서버를 서버랙에 장착하고 OS를 하나하나 설치해야 했던 시대가 엊그제 같습니다. 이제 클라우드 서버 인프라 환경으로 넘어와서 더는 H/W를 설치하고 연결하는 일이 필요 없어졌습니다. 시대는 클라우드 인프라 환경으로 급격하게 변화하고 있으며, 일반 서버 인프라를 넘어서 IoT, AI, BigData, Machine-Learning 등 다양한 서비스를 사용할 수 있게 되었습니다. 이 책은 이런 시대에 클라우드를 처음 접하는 입문자의 관점에서 예제를 하나씩 따라하면서 익힐 수 있는 좋은 지침서입니다.

AT&T Korea 차장 고종성

이 책은 단순히 외국 서적의 번역본이 아닌 실무자가 경험을 토대로 풀어내 더욱 믿음이 갑니다. 클라우드 서비스에 대한 내용을 알기 쉽게 풀이하여 처음 시작하는 분들에게 도움이 될 것이라 믿습니다. 단순히 AWS를 아는 것에 그치지 않고 자신만의 가상화 공간을 만들어 체험해 보고 싶은 분들에게 추천합니다. 좋은 내용의 책으로 후배 양성에 힘쓰는 저자에게 감사의 인사를 드립니다.

인천 스마트시티 차장 김거상

이 책을 보는 방법

이 책은 클라우드와 Amazon Web Services에 대해 배우고 싶은 분들을 대상으로 합니다.

클라우드 서비스와 Amazon Web Services에 대한 전반적인 서비스가 궁금하다면 "AWS와 클라우드 컴퓨팅 소개"❶에서 제공하는 클라우드 컴퓨팅과 AWS에 대한 내용을 먼저 학습하길 권장합니다.

AWS에서는 "AWS 교육 및 자격증"❷ 웹 페이지에서 AWS 자격증 취득 준비를 할 수 있는 다양한 분야의 무료 학습 라이브러리를 제공하며, 무료/유료 워크숍을 통한 교육 기회를 제공합니다. 또한 본인의 회사가 Amazon Korea나 AWS 파트너로부터 지원을 받고 있다면, 다양한 세미나 참석 기회와 교육 기회를 지원받을 수 있습니다.

"YouTube Amazon Web Services 채널"❸을 통해 다양한 AWS 소식과 강좌, 온라인 세미나 자료를 접할 수 있습니다.

클라우드 서비스 개발 관련 SDK 및 언어별, 서비스별 프로그래밍 활용 방법과 매뉴얼, API 등의 자료가 필요하다면 "AWS 개발자 센터"❹를 통해 다양한 문서와 활용 Sample을 찾을 수 있습니다.

이 책은 2020년 7월 기준으로 업데이트되었습니다. 업데이트된 내용이나 학습 중 궁금한 사항은 "사가의 재미있는 세상"❺ 블로그를 통해 피드백 가능합니다.

❶ AWS와 클라우드 컴퓨팅 소개 : https://aws.amazon.com/ko/what-is-cloud-computing

❷ AWS 교육 및 자격증 : https://www.aws.training

❸ YouTube Amazon Web Services 채널 : https://www.youtube.com/channel/UCd6MoB9NC6uYN2grvUNT-Zg

❹ AWS 개발자 센터 : https://aws.amazon.com/ko/developer/

❺ 사가의 재미있는 세상 : http://blog.naver.com/saga111

목차

1장 클라우드와 아마존 웹 서비스

2장 확장성과 안정성 높은 서버 만들기

3장 무한대로 저장 가능한 스토리지 만들기

목차

4장 | 독립적인 나만의 가상 네트워크 공간 만들기

5장 확장 가능한 데이터베이스 서버 만들기

6장 DNS를 손쉽게 연결하고 관리하기

7장　네트워크 트래픽을 분산시켜 주는 로드 밸런싱

목차

12장 AWS 자격증 취득에 도전해보기

13장 AWS Training 계정 생성 및 시험 신청 방법

1장

클라우드와
아마존 웹 서비스

Amazon Web Services

1 〉 클라우드 컴퓨팅(Cloud Computing)

클라우드 컴퓨팅이란, 인터넷이라는 통신 서비스를 활용한 컴퓨팅 서비스 종류의 하나로 개인용 컴퓨터가 아닌, 인터넷을 통해 연결된 원격 컴퓨터를 활용하는 기술을 말합니다.

[그림 1-1] Cloud Computing

쉽게 말해 '개인용 컴퓨터보다 성능이 뛰어난 컴퓨터나 저장장치 등의 컴퓨터 자원을 다른 곳에서 빌려 사용할 수 있도록 처리해주는 IT 기술이다'라고 할 수 있습니다.

이러한 클라우드 컴퓨팅 자원에 대해 언제(Any Time), 어디서나(Any Where) 인터넷을 사용해 손쉽게 접근이 가능하며, 최소한의 노력으로 최단 시간에 컴퓨터 자원을 늘리거나 줄이는 것이 가능합니다. 또한 Pay-Per-Use Pricing(사용량 기반 과금)이 적용되어 사용한 만큼만 비용을 지불하면 됩니다.

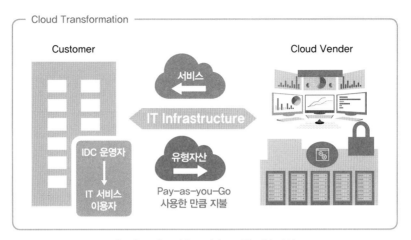

[그림 1-2] 클라우드 서비스 비용 지불 방식

집에서 사용하는 전기, 가스, 수도 요금과 같이 한 달 사용량을 측량하여 사용한 만큼 비용을 지불하는 것과 같이 클라우드 서비스도 매월 자원을 사용한 만큼에 대해 비용으로 지불하게 됩니다.

2 > 클라우드 컴퓨팅을 배워야 하는 이유

그렇다면 우리는 왜, 클라우드에 대해 배워야 할까요? IT 종사자들의 의견을 들어보면, 최근 TV나 신문, 인터넷 뉴스에서 '4차 산업혁명', '클라우드', '빅데이터' 등의 신기술에 대해 접해본 사람들도 있지만, 회사 경영층에서 "다른 회사들은 시스템 도입을 클라우드로 한다던데, 우리도 클라우드로 도입할 수 있도록 검토하세요"와 같이 직접적인 업무 지시를 통해 시작하는 경우도 있습니다.

우리는 다음과 같은 이유로 클라우드에 대해 배워야 합니다.

이미 많은 기업이 클라우드를 도입하였거나, 도입을 검토하고 있다.

《가트너》는 2018년 전세계 퍼블릭 클라우드 서비스 시장은 지난해 1,535억 달러에서 21.4% 성장한 1,864억 달러에 달할 것으로 전망했습니다. 이와 같이 전세계적으로 클라우드 시장은 매년 20% 넘는 수치로 증가하고 있으며, 2021년에는 3,025억 달러에 달할 것으로 전망하였습니다.

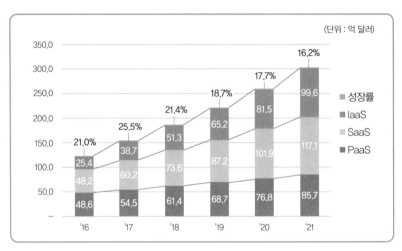

[그림 1-3] Global Cloud Market Trend(출처 : 가트너 2017. 10)

우리나라도 매년 20%가 넘는 수치로 클라우드 서비스 시장의 Market Share가 증가하고 있으며, 클라우드 시장의 매출이 2021년에는 약 3조2천억 원까지 성장할 것으로 전망하고 있습니다.

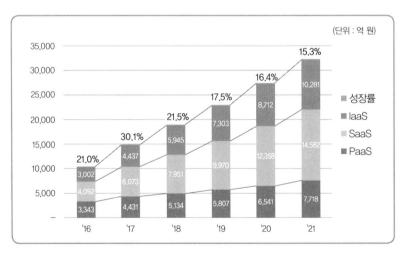

[그림 1-4] Korea Cloud Market Trend(출처 : 가트너 2016. 11)

1~2년 전만 해도 SMB(중소기업)나 Start Up 기업 위주로 클라우드 서비스를 이용했다면, 요즘은 중견기업 및 대기업들도 도입을 검토하거나 이미 도입을 하여 서비스를 사용하고 있는 경우가 대부분입니다. 이와 같은 이유로 당신의 기업도 곧 클라우드 도입을 검토해야 할 수 있습니다.

2-2 ▶ H/W를 데이터 센터에 넣고 운영/관리하는 일이 점점 줄어들 것이다.

최근 IT 분야에서 화두로 떠오르고 있는 4차 산업혁명의 특성 중 하나가 지능화(Intelligent)입니다. 다양한 정보를 가공하여 사용자에게 의미 있는 정보를 제공하는 부분이 핵심 사항이며, 이렇게 제공되는 정보를 '능동형 지능(Actionable Intelligence)'이라고 합니다. 이러한 능동형 지능의 필수 요소가 바로 AI, Big Data입니다.

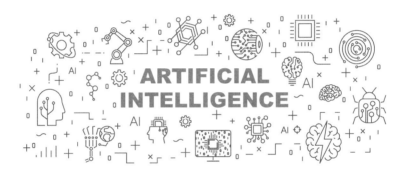

[그림 1-5] 4차 산업혁명과 AI, Big Data

AI나 Big Data의 구현과 서비스에는 슈퍼컴퓨터 급의 고사양 하드웨어와 장비가 필요합니다. 이러한 장비의 도입과 구매는 기업 입장에서 많은 초기 투자 및 운영 비용과 인력이 필요합니다. 그러나 클라우드는 초기 투자 비용이 없으며, 사용한 만큼만 비용을 지불하게 됩니다. 또한 기업이 슈퍼컴퓨터를 가지고 있지 않아도 AI, Big Data 서비스를 구축할 수 있는 환경을 제공하며, 인프라 운영을 위한 환경(데이터 센터, 항온/항습, 전기시설 및 설비 등)이 필요하지 않습니다.

대부분의 인프라 운영 및 관리를 인터넷을 통해 원격에서 수행할 수 있는 등의 여러 이점으로 많은 기업들이 초기 투자 비용과 운영 비용을 지불하면서, H/W를 직접 구매하는 일을 점차적으로 줄여나가고 있습니다. 이러한 변화는 IT 업계 및 직업군에 대해 큰 영향을 주는 부분으로 다가오는 미래에 적극적으로 대응하기 위해 여러분의 준비가 필요한 시점입니다.

3 > 클라우드 컴퓨팅 서비스 이용 방식

클라우드 서비스는 이용 방식에 따라 크게 세 가지로 분류할 수 있습니다. 첫째 IaaS(Infrastructure as a Services), 둘째 PaaS(Platform as a Services), 셋째 SaaS(Software as a Services)입니다.

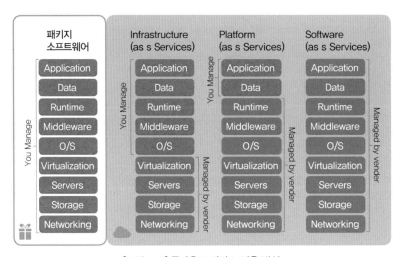

[그림 1-6] 클라우드 서비스 이용 방식

- IaaS(Infrastructure-as-a-Services) : 물리적 서버(CPU, Memory 및 OS), 네트워크, 스토리지를 가상화하여 다수의 고객을 대상으로 유연하게 제공하는 인프라 서비스
- PaaS(Platform-as-a-Services) : Web 기반의 서비스 또는 애플리케이션 등의 개발 및 실행을 위한 표준 플랫폼 환경을 서비스 형태로 제공하는 서비스
- SaaS(Software-as-a-Services) : 구글의 Gmail이나 MS Office 365 등과 같이 응용프로그램(Application)을 인터넷 및 웹 브라우저를 통해 제공하는 서비스

클라우드 컴퓨팅 서비스는 중첩되어 제공되므로 클라우드 컴퓨팅 스택(Cloud Computing Stack)이라고도 합니다. 각각의 클라우드 컴퓨팅 서비스의 정의와 차이점을 이해하면 클라우드 서비스의 구성과 이해에 많은 도움이 될 수 있으니 본 용어에 대해 꼭 알아두길 바랍니다.

4 > 클라우드 컴퓨팅의 장점 및 혜택

클라우드 컴퓨팅을 이용하게 되면 다음과 같은 장점과 혜택을 얻을 수 있습니다.

▨ 초기 투자 비용이 발생하지 않으며, 사용한 만큼 지불하면 됩니다.

IT 프로젝트를 위해서는 데이터 센터와 서버에 대해 대규모의 투자가 필요합니다. 하지만 클라우드를 사용하게 되면 초기 투자 비용 없이 사용한 만큼만 지불할 수 있습니다.

▨ 규모의 경제를 통해 지속적인 가격 인하를 실현합니다.

클라우드 사업자는 수많은 고객들을 대상으로 서비스를 제공하므로 규모의 경제를 실현할 수 있으며, 이를 통한 비용 절감을 통해 종량 과금제 요금이 더욱 낮아집니다.

▨ 미래에 필요한 인프라의 용량을 추정할 필요가 없습니다.

미래에 필요한 컴퓨터 용량 예측이 필요하지 않으며, 오버 프로비저닝을 방지할 수 있습니다. 필요한 경우 몇 분 만에 확장 또는 축소할 수 있습니다.

▨ 속도 및 민첩성이 향상됩니다.

서버를 직접 구매하여 구축 시 개발자에게 제공하기까지는 최소 몇 주에서 몇 달까지 걸리기도 합니다. 클라우드 컴퓨팅을 사용하면 몇 주에서 몇 분으로 시간이 단축되므로 조직의 민첩성이 크게 향상됩니다.

▨ 데이터 센터 운영 및 유지 관리에 비용 투자가 필요하지 않습니다.

데이터 센터 운영 및 유지 관리가 필요하지 않으므로 비즈니스에 집중할 수 있습니다. 클라우드 컴퓨팅을 사용하면 수많은 서버를 관리하느라 시간을 허비하지 않고 고객에게 더욱 집중할 수 있습니다.

▨ 몇 분 만에 전세계에 서비스를 런칭하거나 배포할 수 있습니다.

클릭 몇 번으로 세계 곳곳의 여러 지역에서 서비스를 런칭하고, 프로비저닝이 가능합니다. 이는 최소의 비용으로 최단 시간 내에 전세계를 대상으로 서비스 제공을 가능하게 합니다.

5 > 아마존 웹 서비스(Amazon Web Services)

1994년 7월 어느날 제프 베조스(Jeff Bezos)는 잡지를 보다가 인터넷 시장의 규모가 1년 새 2,300배 성장했다는 소식을 접한 후 사표를 내고 자신의 차고에서 온라인 쇼핑몰 창업을 하게 됩니다.

설립 초기에는 '카다브라'라는 이름으로 시작 하였으나, 7개월 후 '아마존'으로 사명을 변경 하였으며, 1995년 7월 아마존 웹 사이트를 통해 첫 영업을 시작하였습니다. 서비스 시작 이후 단기간에 폭발적인 성장세를 거두었습니

[그림 1-7] 아마존 CEO 제프 베조스
(출처 : Google)

다. 설립 1년만에 회원수가 1,000만 명을 넘어 섰으며 매출 51만 달러(5억 6,000만 원)를 달성하 며 폭발적인 성장세를 이어 갔습니다.

1999년 아마존은 3억 달러를 투자하여 미국과 유럽 등에 물류센터를 확장하여 직원수가 7,600명까지 증가하였습니다. 2002년 아마존은 자사의 데이터베이스와 서비스를 오픈 API(운 영체제와 응용프로그램 사이의 통신에 사용되는 언어나 메시지 형식) 형태로 외부에 개방했습니다. 이를 통해 다른 웹 사이트들이 가격과 제품의 상세 설명과 같은 정보를 아마존의 DB에서 골라서 올리고 아마존의 결제 시스템과 장바구니를 이용할 수 있게 했습니다. 이것이 아마존 웹 서비스 (Amazon Web Services)의 시작이었습니다.

2006년 아마존의 웹 서비스를 시간 단위로 외부 기업에 임대해주는 Elastic Compute Cloud(EC2), 다른 웹 사이트나 개발자의 사진, 문서 등 컴퓨터 파일을 아마존 서버에 저장하게 해주는 Simple Storage Services(S3)를 소개했습니다. 이런 서비스를 통해 신규 업체들은 자체적 인 전자상거래 시스템을 직접 구입하거나 운영하는 대신 웹 서비스를 사용한 만큼만 돈을 내어 사용량을 마음대로 줄이거나 늘릴 수 있게 되었습니다.

현재 AWS가 아마존 전체 매출에서 차지하는 비중은 약 11%이지만, 이익의 73% 이상 기여하는 최고의 수익 사업으로 자리 잡았습니다.

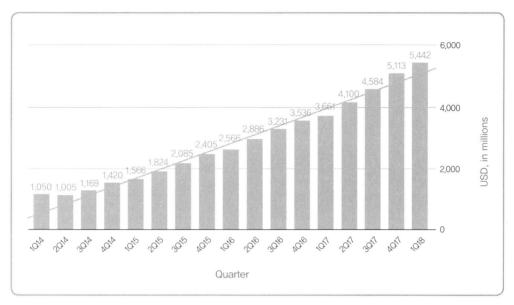

[그림 1-8] 아마존 AWS Earnings Q1 2018(출처 : Google)

제프 베조스(Jeff Bezos) 아마존 CEO는 2018년 1분기 실적 발표 후 성명을 통해 "AWS는 같은 생각을 지닌 경쟁자를 만나기 전까지 7년의 우위를 차지했었고, 결코 속도를 늦추지 않았다"면서 "결과적으로 AWS는 지금까지 가장 진화하고 기능이 풍부한 서비스를 갖게 되어 이처럼 놀라운 가속화를 경험하게 됐다"고 말했습니다.

현재 클라우드 컴퓨팅 분야의 후발 주자인 마이크로소프트와 구글 등이 맹추격하고 있지만, 아마존은 32%의 시장 점유율로 압도적인 1위를 달리고 있습니다.

6 > AWS 주요 서비스

Amazon Web Services는 다양한 분야에 걸쳐 여러 플랫폼과 서비스를 제공하고 있는데, 그중 중요한 서비스에 대해 알아보겠습니다.

6-1 ▶ 컴퓨팅 서비스

- **Amazon EC2(Elastic Compute Cloud)** : 앞으로 가장 많이 사용하게 될 가상화 서버입니다. 이는 다양한 형태의 타입과 서비스에 따라 적합한 사양을 선택할 수 있으며, 사용량만큼 비용을 지불하는 컴퓨팅 서비스입니다.

- **Amazon Auto Scaling** : 서버의 특정 조건에 따라 서버를 추가/삭제할 수 있게 해주는 서비스로 서버 사용량이 많은 경우 추가로 생성하고, 사용하지 않는 경우 서버를 자동으로 삭제할 수 있게 해주는 서비스입니다.

- **Amazon Lightsail** : 간단한 가상화 프라이빗 서버(Virtual Private Server, 이하 VPS)가 필요한 개발자에게 웹 사이트와 웹 애플리케이션을 배포하고 관리하는 기능과 컴퓨팅, 스토리지, 네트워크를 빠르고, 손쉬우며 저렴한 비용으로 제공합니다.

- **Amazon WorkSpaces** : 데스크톱 가상화 서비스로 사내 PC를 가상화로 구성하여, 문서 및 데이터를 개인 PC에 보관하지 않고 서버에서 보관 관리할 수 있도록 해주는 서비스입니다.

Amazon EC2

Auto Scaling

Amazon Lightsail

Amazon WorkSpaces

6-2 ▶ 네트워킹 서비스

- **Amazon Route 53** : 가용성과 확장성이 우수한 클라우드 기반의 Domain Name System(DNS) 웹 서비스로, 사용자의 요청을 AWS에서 실행되는 다양한 인프라에 효과적으로 연결할 수 있습니다. 또한 사용자를 AWS 외부의 인프라로 전달하는 서비스도 Route 53를 사용할 수 있습니다.

- **Amazon VPC(Virtual Private Cloud)** : 가상 사설 네트워크 인프라를 클라우드 내에 생성/구성하고, 네트워크를 이용한 접근 제어(Security Group, NACL), DHCP 및 VPN 연결, 인터넷 게이트웨이(Internet

Gateway) 등의 서비스 제공과 타 VPC와 다른 리전 간 VPC Peering 구성을 통해 보안성 및 안정성이 높은 네트워킹 서비스를 제공합니다.

- AWS Direct Connect : 기존 On-Premise의 인프라와 AWS를 연결하는 전용선을 구성하여, 낮은 지연 시간으로 데이터 및 정보를 공유할 수 있게 하는 서비스를 제공합니다. AWS-On-Premise를 연결하는 전용선 서비스로 이해하면 됩니다.
- Amazon ELB(Elastic Load Balancer) : 기존에 사용하던 서비스 중 L4, Load Balance 서비스라고 생각하면 이해하기 쉽습니다. 웹 서버 및 각종 서버에 사용량과 접속자가 많은 경우 트래픽에 대한 부하 분산을 통해 네트워크 트래픽을 인스턴스로 전달합니다.

Amazon
Route

Amazon
VPC

AWS
Direct Connect

Elastic Load
Balancing

6-3 스토리지 서비스

- Amazon S3(Simple Storage Services) : 여러 가지 용도로 사용할 수 있는 범용적인 스토리지 서비스로 데이터 보관 이외에도 정적 웹 사이트 호스팅 및 다양한 형태의 서비스로 활용 가능한 만능 스토리지 서비스입니다.
- Amazon Glacier : 사용 빈도가 높지 않는 데이터를 저렴한 비용으로 장기 보관할 수 있게 해주는 서비스로 가격이 저렴하고 무제한으로 데이터를 보관할 수 있는 장점을 가지고 있는 스토리지 서비스입니다.
- Amazon EBS(Elastic Block Storage) : 빠른 속도로 데이터를 저장 보관할 수 있는 서비스로 주로 서버에 디스크로 추가하여 데이터를 보관 제공할 수 있으며, 기본으로 SSD를 사용하여 데이터 입출력 속도가 매우 빠르고, 고성능의 서비스를 필요로 하는 스토리지 서비스에 적합한 서비스입니다.
- AWS Storage Gateway : On-Premise에 있는 데이터를 클라우드로 저장 보관하기 위한 연결 Gateway 서비스를 제공하고 있습니다.
- AWS Snowball : Import/Export 서비스를 통해 대량의 데이터를 AWS로 이전할 때 네트워크로 전송하지 않고 디스크나 스토리지에 저장하여 물리적으로 전달하고 이를 업로드하여 주는 서비스로 대량의 데이터를 AWS로 업로드할 때 유용한 서비스입니다.

Amazon S3

Amazon
Glacier

Amazon
EBS

AWS Storage
Gateway

AWS
Snowball

6-4 데이터베이스 서비스

- **Amazon RDS(Relational Database Services)** : 관계형 데이터베이스 서비스인 MSSQL, Oracle, MySQL, MarinaDB, PostgreSQL 등 RDBMS 서비스를 사용자가 직접 관리하지 않고, Amazon에서 제공하는 서비스를 이용하여 데이터베이스를 이용할 수 있도록 해줍니다.
- **Amazon DynamoDB** : NoSQL용 서비스로 대량의 데이터를 손쉽게 저장할 수 있고, 이렇게 저장된 데이터를 추가 분석 서비스와 연계 활용할 수 있도록 확장할 수 있는 서비스입니다.
- **Amazon ElastiCache** : In–Memory 기반의 Cache 서비스로 빠른 속도를 필요로 하는 서비스와 연계하여 높은 응답속도와 신뢰성을 필요로 하는 서비스에 적합한 서비스입니다.

Amazon
RDS

Amazon
DynamoDB

Amazon
ElastiCache

6-5 분석 플랫폼

- **Amazon Kinesis** : 대량의 데이터를 저장 분류할 수 있는 서비스입니다. 다양한 규모의 스트리밍 데이터를 비용 효율적으로 처리할 수 있는 기능과 애플리케이션 요구사항에 따라 가장 적합한 도구를 선택할 수 있는 유연성을 제공합니다. 또한 기계학습, 분석 및 기타 애플리케이션을 위해 비디오, 오디오, 애플리케이션 로그, 웹 사이트 클릭스트림 및 IoT 텔레메트리 데이터와 같은 실시간 데이터를 수집할 수 있습니다.
- **Amazon Redshift** : 데이터 웨어하우스와 데이터 레이크 전체에 걸쳐 간단하며, 효율적으로 비용 모든 데이터를 분석할 수 있는 빠르고 확장 가능한 데이터 웨어하우스입니다. Redshift는 기계학습, 대량 병렬 쿼리 실행, 고성능 디스크의 열 기반 스토리지를 사용하여 다른 데이터 웨어하우스보다 10배 빠른 성능을 제공합니다.
- **Amazon EMR** : 저장된 대량의 데이터를 분류하고 분석하여 필요한 정보를 뽑아낼 수 있도록 다양한 서비스를 제공합니다.

Amazon
Kinesis

Amazon
Redshift

Amazon EMR

애플리케이션 서비스

- Amazon CloudSearch : 검색 서비스이며, SWF는 워크플로우 서비스, SQS는 큐서비스를 활용한 대량의 데이터를 할 수 있도록 해주는 서비스로, 손쉽게 중요 정보를 모바일로 전달할 수 있는 서비스입니다.

- Amazon SES(Simple Email Services) : 외부로 대량의 메일을 발송하는 서비스입니다.

- Amazon Elastic Transcoder : 동영상을 인코딩할 수 있는 서비스입니다.

Amazon
CloudSearch

Amazon
SES

Amazon Elastic
Transcoder

이외에도 애플리케이션 통합, 증강현실 및 가상현실, 비용관리, 비즈니스 생산성, 데스크톱 및 앱스트리밍, 개발자 도구, 게임 개발, 사물인터넷(IoT), 기계학습(AI), 미디어 서비스, 마이그레이션, 모바일 서비스 등 40개가 넘는 고유 서비스를 포함하여 175개가 넘는 완벽한 기능의 서비스를 제공하고 있으며, 지금 이 시간에도 매일 새로운 서비스를 만들어 내고 있습니다. 이 글을 쓰고 있는 지금 이 시간에도 Amazon은 새로운 서비스를 만들고 있을 것입니다.

7 > 실습 : AWS 회원가입 및 AWS로의 항해 시작하기

클라우드 컴퓨팅을 시작할 준비가 어느 정도 되었습니다. 이 책의 목표는 AWS를 쉽게 접하고 이해하는 것입니다. 수록된 대부분의 내용은 직접 실습해 볼 수 있고, 차근차근 따라오면 어느덧 웹 서버를 만들고, 스토리지를 생성하고 AWS의 여러 서비스를 직접 사용할 수 있게 될 것입니다. 이러한 시작을 위해 Amazon Web Services 웹 사이트에 직접 회원가입을 하고 아마존의 무료체험 서비스인 프리티어(Free-Tier)를 활용하여 진행하겠습니다.

01 http://aws.amazon.com으로 접속하여 우측 상단의 [AWS 계정 생성]을 클릭합니다.

02 [계정 생성] 페이지에서 이메일 주소, 암호, AWS 계정 이름을 입력하고 [계속] 버튼을 클릭합니다.

03 다음 페이지에서 계정 유형을 "개인"으로 선택하고 연락처 정보 중 주소는 모두 영문으로 입력하고, AWS 고객 동의 조건을 읽고 "동의"합니다. 참고로 영문 주소는 네이버 영문 주소 변환 서비스('네이버 영어 주소'로 검색)를 사용하면 편리합니다.

04 [결제 정보] 페이지에서 본인 명의의 신용카드 또는 직불카드 정보를 입력합니다. 실제 결제 시 본 카드로 비용이 청구됩니다. [검증 및 추가] 버튼을 클릭합니다.

05 자격 증명 확인을 위해 본인의 휴대전화 번호를 입력하고, 보안 검사를 위한 문자를 입력 후 [SMS 전송] 버튼을 클릭합니다.

06 본인이 입력한 휴대전화 번호로 자격 증명 확인을 위한 인증 코드가 발송됩니다. 이를 확인 후 "확인 코드 입력"란에 입력 후 [코드 확인] 버튼을 클릭합니다.

07 [지원 플랜 선택] 페이지에서 "기본 플랜"을 선택합니다.

08 회원가입 절차가 모두 마무리 되었습니다. 이제 여러분은 AWS 를 항해할 모든 준비가 완료되었습니다. 차근차근 따라오면 어느 순간 당신도 클라우드 전문가가 될 수 있습니다.

8 > 에필로그(Epilogue) : 무림의 고수

어릴 때 즐겨 보던 무협 영화에서 주인공의 부모님은 악당에게 무참하게 살해당합니다. 복수하고 싶은 주인공이지만 너무나 나약한 자신을 자책하며 술독에 빠져 살게 됩니다.

그러다가 우연히 비렁뱅이를 만나 그의 무공을 목격하게 되고 스승이 되어 줄 것을 간곡히 요청합니다. 하지만 무림의 고수(비렁뱅이)는 그를 쉽게 받아 주지 않습니다. 하지만 탁주 한병의 유혹에 넘어가 제자로 받아들이겠다고 말을 내뱉게 됩니다. 탁주의 유혹에 의해 내뱉은 실수의 말이지만 자신이 뱉은 말에는 꼭 책임을 지는 무림의 고수는 주인공을 제자로 받아들이게 됩니다. 주인공을 제자로 받은 무림의 고수는 매일 집안의 허드렛일을 시킵니다.

[그림 1-9] 영화 '취권'의 한 장면(1978년)(출처 : Google)

빨래하기(특기 옷 짜기), 물긴기, 장작패기 등 일을 제대로 하지 않으면 밥을 주지 않으며, 주인공은 열받아 합니다. 자신은 무공을 배우러 온 것이지 하인 생활을 하러 온 것이 아니라고 주장하지만 고수는 콧방귀를 뀌며 싫으면 가라고 합니다. 만일 그 타이밍에 주인공이 물러가면 영화는 여기서 끝나게 됩니다. 하지만 우리의 주인공은 이를 악물고 버티게 되며, 그렇게 몇 년의 시간이 흐르게 됩니다.

그러던 어느 날 고수는 주인공에게 뜬금없이 "이제는 너에게 더 이상 가르칠 것이 없다. 그만 하산하도록 하여라"라는 말과 함께 약간의 스킬을 전수하고 주인공을 하산시키게 됩니다. 이렇게 하산한 주인공은 처음 자신의 실력과 무공에 대해 신뢰하지 못하지만, 점차 본인이 지금까지 했던 노력이 헛된 것만은 아니라는 것을 깨닫게 되면서 마지막에 복수를 하고, 영화는 끝이 납니다.

대부분 무협 영화의 스토리는 거의 흡사합니다. 다만 주인공이나 스토리가 약간 바뀔 뿐이지 무협 영화의 본질은 변하지 않습니다. 우리는 여기에서 몇 가지 배울 것이 있습니다.

첫 번째, 고수는 제자를 쉽게 받아주지 않습니다.

어떤 일이든 배우려는 의지와 마음가짐은 무엇보다 중요합니다. 당신이 왜 클라우드를 배워야 하는지에 대해 필요성을 가지고 있다면, 당신은 이미 고수에게 무림 비급을 배울 준비가 되어 있는 것입니다.

두 번째, 고수는 처음부터 스킬을 가르치지 않습니다.

어떤 일이든 기본기와 기초 체력을 갖추는 일은 매우 중요합니다. 만일 체력이 부족하다면 아무리 뛰어난 고급 기술과 무림 비급이 있어도 제대로 구사할 수 없습니다. 클라우드 또한 마찬가지입니다. IT에 대한 기본적인 지식과 다양한 용어에 대한 이해 없이는 본인이 원하는 수준으로 활용할 수 없습니다. 시간을 가지고 하나하나 실행하며 직접 경험해 보면 어느 순간 당신도 이미 고수가 되어 있을 것입니다.

세 번째, 고수는 밥을 굶기고 시련을 줍니다.

고수는 주인공에게 일부로 시련을 주고 어려움을 줌으로써 힘든 상황을 이겨내고 성취감을 얻을 수 있는 기회를 줍니다. 주인공이 이러한 시련들을 극복하지 못한다면, 고수는 주인공에게 무술을 가르치지 않을 것입니다. 이렇듯 처음 접해보는 클라우드에 대해 배워가는 일은 쉽지 않은 일입니다. 하지만 힘든 상황에서 본인의 노력으로 얻는 배움은 언젠가 본인에게 큰 도움이 될 수 있습니다.

서양 속담에 이런 말이 있습니다. 'Well begun is half done. 시작이 좋으면 반은 이룬 것이다'라는 뜻으로 우리나라 속담의 '시작이 반이다'라는 속담과 비슷합니다. 하지만 우리 속담은 주저하지 말고 일을 시작하라는 의미가 강한 반면, 이 속담은 준비를 꼼꼼히 해서 시작을 잘 하라는 뜻을 담고 있습니다.

이제 여러분은 Amazon Web Services를 통해 클라우드라는 망망대해(茫茫大海)를 항해할 모든 준비를 마쳤습니다. 희망과 열정과 끈기를 가지고 노력하면 언젠가 당신도 '클라우드의 고수(高手)'가 되어 있을 것입니다.

2장

확장성과 안정성 높은 서버 만들기

Amazon Elastic Compute Cloud

1 > 서버와 스토리지

특화된 어떤 업무를 수행하기 위해 설계된 컴퓨터를 서버(Server)라 하고, 정보와 데이터를 저장하기 위한 저장소 역할을 수행하는 것을 스토리지(Storage)라고 합니다.

1-1 ▶ 서버(Server)

서버란, 특화된 어떤 임무를 수행하기 위해 설계된 컴퓨터를 말합니다. 어떤 임무를 부여하는지에 따라 일반 노트북 또는 데스크톱 컴퓨터도 서버가 될 수 있습니다. 하지만 서버는 이런 특화된 임무를 수행하기 위해 일반 컴퓨터보다 고성능의 CPU, 빠르고 고용량의 메모리, 대용량의 디스크를 요구합니다. 전체적인 컴퓨터의 구성요소는 크게 차이가 없지만, 대용량의 서비스를 빠르게 처리하기 위해 보다 높은 사양의 하드웨어를 요구하게 됩니다.

[그림 2-1] 서버(Server)

그래서 일반적인 서버는 일반 컴퓨터보다 가격이 많이 높으며, 서버용 OS가 설치됩니다. 서비스의 용도에 따라 UNIX, Linux, 혹은 Windows Server 등 다양한 서버용 OS를 설치할 수 있으며, 서버의 용도에 맞는 특화된 임무를 수행하기 위한 별도의 소프트웨어들이 설치됩니다. 우리가 사용하게 될 AWS는 EC2(Elastic Compute Cloud)라는 서비스를 이용해 가상의 서버를 구성하고 필요한 소프트웨어를 설치하여 사용할 수 있습니다.

1-2 ▶ 하드디스크

알루미늄 합금 또는 강화유리 위에 자성 재료로 박막 처리된 원형 디스크(Platters)들이 원의 중심축에 여러 겹으로 쌓아 올려져 모터로 빠르게 회전시켜 데이터를 저장, 검색, 삭제를 수행하여, 영구적으로 저장하기 위해 사용되는 컴퓨터의 주요 장치를 하드디스크라고 합니다.

하드디스크는 스핀들 모터 방식의 기계식 하드 디
스크와 플래시 메모리 기반의 전자식으로 동작하는
SSD(Solid-State Drive) 디스크가 있습니다. SSD 디스
크는 기계식 디스크보다 향상된 검색 속도, 낮은 지
연 속도, 낮은 소음을 가지고 있지만, 기계식보다 용
량 대비 비용이 비싼 것이 단점입니다.

이러한 일반적인 하드디스크는 우리가 흔히 사용하는
Desktop PC에서 많이 사용됩니다. 다만 서버와 같이
고성능으로 대량의 데이터를 빠르게 처리하기 위해

[그림 2-2] 하드디스크(Hard Disk)

디스크 어레이 컨트롤러(Disk Array Controller)와 RAID(Redundant Array of Independent Disks)와 같
은 기술을 활용하여, 디스크 장애 발생 시에도 데이터를 보호하며, 보다 높은 성능을 제공할 수
있도록 구성할 수 있습니다. Amazon Web Services는 EBS(Elastic Block Storage) 서비스를 이용하
여 EC2에 디스크를 추가하여 서비스를 사용할 수 있습니다.

2 > 보안과 방화벽

정보화 사회에서 서버 및 스토리지 등 IT 인프라에 저장된 중요한 정보를 보호하고 지키는 일은
무엇보다 중요합니다. 이러한 정보 자산을 보호하고 지키는 데 필요한 것이 바로 보안과 방화벽
입니다.

2-1 보안(Security)

보안(保安)이란, 단어 자체를 풀어 써보면 '안전'을 지키는 것이라고 말할 수 있습니다. 안전은 상
태이며, 보안이란 활동을 전제로 합니다. 결국에는 안전한 상태를 지키는 것을 보안이라고 할
수 있습니다.

결국 정보 보안은 각종 위험으로부터 정보 및 데이터를 안전한 상태로 유지하는 것입니다. Amazon Web Services에서는 클라우드 서비스를 안전하게 사용하기 위해 필요한 서비스를 말합니다. Amazon Web Services는 리소스에 대한 사용자 액세스 및 암호화 키 관리 서비스인 AWS IAM(Identity & Access Management), 관리형 위험탐지 서비스 Amazon GuardDuty, DDoS 보호를 위한 AWS Shield, 악성 웹 트래픽 필터링을 위한 서비스인 AWS WAF(Web Application Firewall) 등 다양한 보안 서비스를 제공합니다.

[그림 2-3] 보안(Security)

2-2 방화벽(Firewall)

방화벽은 원래 자동차에서 객실을 엔진 블록으로부터 분리하기 위한 물리적인 장치로, 자동차 폭발이나 화재가 발생하였을 때 탑승자를 보호하기 위한 것입니다. 또한 건물에서 발생한 화재가 더이상 번지는 것을 막기 위한 장치를 말하기도 합니다.

정보 시스템에서의 방화벽은 인터넷과 같이 외부 네트워크에 연결되어 있는 내부 네트워크의 중요한 정보 자산에 대해 외부로부터 불법적인 침입을 보호하기 위한 시스템을 말합니다.

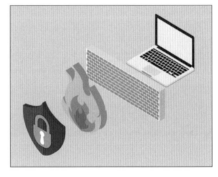

[그림 2-4] 방화벽(Firewall)

외부 사용자 또는 외부 시스템이 내부의 서버 및 자원에 접근하기 위해서는 반드시 방화벽을 거쳐야 합니다. 외부에서 내부로 공격이나 침입을 시도하더라도 방화벽을 거쳐야 하기 때문에 관리자가 이를 탐지하고 방어할 수 있는 시간을 벌 수 있으며, 근본적인 공격 자체를 어렵게 만들 수 있습니다. Amazon Web Services는 자체 방화벽 서비스인 Security Group, NACL, AWS WAF(Web Application Firewall)을 통해 방화벽 서비스를 제공합니다.

3 〉 클라우드 용어

Amazon Web Services는 전세계를 대상으로 클라우드 서비스를 제공하기 위해 전세계 주요 지역에 IDC(Internet Data Center)를 자체적으로 구축하여 운영하고 있습니다.

리전 및 가용 영역 수

미국 동부	캐나다	남아메리카
버지니아 북부(6)	중부(2)	상파울루(3)
오하이오(3)		

미국 서부	중국	AWS GovCloud
캘리포니아 북부(4)	닝샤(3)	(US–West)(3)
오레곤(3)	베이징(2)	(US–East)(3)

아시아 태평양	유럽	중동
뭄바이(3)	프랑크푸르트(3)	바레인(3)
서울(3)	아일랜드(3)	케이프타운(3)
싱가포르(3)	런던(3)	
시드니(3)	파리(3)	
도쿄(4)	스톡홀름(3)	
홍콩 SAR(3)	밀라노(3)	

새로운 리전(제공 예정)

스페인
오사카
자카르타

[그림 2–5] AWS 리전 및 가용 영역(2020년 기준)

이러한 클라우드 서비스를 위한 인프라 환경을 크게 리전(Region), 가용 영역(Availability Zone), 엣지 로케이션(Edge Location)으로 구분할 수 있습니다.

리전(Region)

물리적으로 위치가 다른 나라들을 대상으로 동일 서버를 사용하게 하면 재해 또는 불가항력으로 서버가 정지되었을 때 대처할 수 없어서 서비스를 종료해야 하거나, 물리적 거리로 인해 빠른 속도를 낼 수 없습니다. 이러한 이유로 아마존은 전세계 주요 국가에 리전(Region)을 구축하여 해당 위치에서 가장 가까운 곳에서 클라우드 서비스를 이용할 수 있도록 서비스를 제공합니다. 2020년 기준 24개의 리전을 운영 중이며, 한국은 2016년 1월 28일 서울 리전이 오픈되어, 국내에서도 빠르게 Amazon Web Services를 이용할 수 있습니다.

3-2 **가용 영역(Availability Zone)**

가용 영역(Availability Zone, 이하 AZ)이란, 우리가 흔히 알고 있는 데이터 센터(Internet Data Center, 이하 IDC)를 말합니다.

AWS 하나의 리전에 다수의 가용 영역(AZ)을 보유하고 있고, 가용 영역이 위치한 데이터 센터(IDC)는 같은 리전이라도 지리적으로 멀리 떨어져 있습니다. 가용 영역(AZ)이 이렇게 물리적으로 떨어져 있는 이유는, 하나의 가용 영역(AZ)이 재해, 정전, 테러 화재 등 다양한 이유로 작동 불능이 되더라도 다른 가용 영역(AZ)에서 서비스를 재개할 수 있도록 하기 위함입니다. 한국은 서울 리전에 3개의 가용 영역(AZ)을 구축하여 운영하고 있습니다.

[그림 2–6] Amazon Web Services 가용 영역

3-3 **엣지 로케이션(Edge Location)**

엣지 로케이션(Edge Location)이란, Amazon의 CDN 서비스인 CloudFront를 위한 캐시 서버 (Cache Server)들의 모음을 의미합니다.

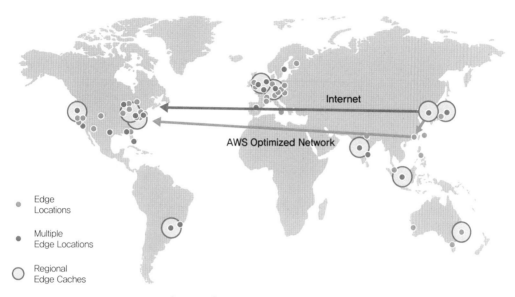

[그림 2-7] 엣지 로케이션(Edge Location)

CDN 서비스는 Content Delivery Network의 약자로, 콘텐츠(HTML, 이미지, 동영상, 기타 파일) 를 서버와 물리적으로 사용자들이 빠르게 받을 수 있도록 전세계 곳곳에 위치한 캐시 서버에 복 제해주는 서비스입니다.

콘텐츠를 빠르게 받기 위해 물리적으로 멀리 떨어진 서버에서 다운로드하는 것보다, 가까운 서 버에 접속하여 다운로드받는 것이 속도가 훨씬 빠르기 때문에 CDN(Content Delivery Network) 서 비스는 전세계 주요 도시에 캐시 서버를 구축해 놓습니다. Amazon Web Services CloudFront는 가장 빠르게 성장하고 있는 CDN 서비스로 2020년 기준 글로벌 205개의 엣지 로케이션을 보유 하고 있습니다.

4 〉 Amazon EC2(Elastic Compute Cloud)

4-1 ▶ Amazon EC2

Amazon EC2는 Elastic Compute Cloud의 약자로 Amazon Web Services 상에서 안정적이며, 크기를 조정 가능한 컴퓨팅 파워를 제공하는 웹 서비스를 말합니다. 이러한 가상화 서버(Virtual Server)를 '인스턴스(Instance)'라 부르며, 필요에 따라 한 개의 인스턴스에서 수천 개의 인스턴스로 손쉽게 컴퓨팅 파워를 확장할 수 있습니다.

회사에서 신규 프로젝트로 인해 서버를 도입해야 하는 경우 일반적으로 다음과 같은 절차로 진행됩니다.

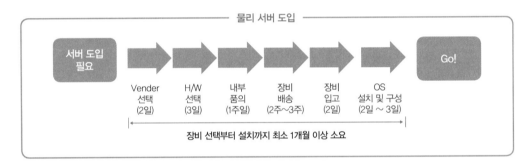

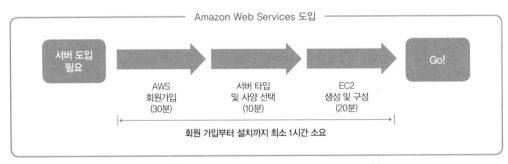

[그림 2-8] 물리 H/W 도입 vs Amazon Web Services 도입

하지만 AWS EC2를 이용한다면 단지 몇 분만에 새로운 서버를 생성하고 서비스를 위한 인프라를 만들 수 있습니다.

Amazon Web Services EC2에 대한 서비스 개요는 다음과 같습니다.

구분	내용
서비스명	Amazon EC2(Elastic Compute Cloud)
설명	클라우드에서 제공되는 크기를 조정할 수 있는 컴퓨팅 파워
주요 특징	– 한 개에서 수천 개의 인스턴스로 확장 가능 – 모든 공개된 AWS Region에서 사용 가능 – 필요에 따라 인스턴스의 생성, 시작, 수정, 중단, 삭제 가능 – Linux/Windows OS에서 사용 가능하며 모든 소프트웨어 설치 가능 – 사용한 사용량에 대해서만 시간 단위 비용 과금 – 다양한 비용 모델(온디맨드, 스팟, 예약) 선택 가능
프리티어 (Free Tier)	– Linux/Windows t2.micro 인스턴스 월 750시간 제공(1GB 메모리, 32bit or 64bit 플랫폼 지원) – 가입 후 12개월 이후에 종료됨

4-2 Amazon EC2의 주요 특징

Amazon EC2 인스턴스는 사용 목적과 비용을 지불하는 방식에 사용자가 원하는 유형을 선택하여 사용할 수 있도록 구성되어 있습니다.

Amazon EC2 인스턴스 유형

인스턴스의 유형은 크게 범용(M 시리즈), 컴퓨팅 최적화(C 시리즈), 스토리지 최적화(I 시리즈, D 시리즈), GPU 최적화(G 시리즈), 메모리 최적화(R 시리즈)로 나눌 수 있습니다.

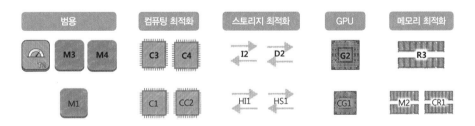

[그림 2-9] EC2 인스턴스 유형

이는 EC2를 이용하는 목적에 따라 인스턴스의 유형을 선택함으로써 최적화된 컴퓨팅 파워를 사용할 수 있도록 해줍니다.

또한 [그림 2-9]와 같이 본인이 선택하는 EC2 인스턴스의 유형과 사이즈에 따라 최종으로 사용하게 될 인스턴스의 타입을 선택할 수 있으며, CPU Core 수, 메모리 용량, 네트워크 인터페이스의 속도 등을 필요에 따라 선택할 수 있습니다.

[그림 2-10] EC2 인스턴스 유형에 대한 설명

▨ Amazon EC2 인스턴스 구매 옵션

Amazon EC2는 사용자의 요구사항에 따라 비용을 최적화할 수 있도록 다음과 같은 구매 옵션을 제공합니다.

구분	내용
온디맨드 인스턴스 (On-Demand)	필요할 때 바로 생성해서 사용하는 방식으로 인스턴스에 대해 초 단위 비용을 지불합니다.
예약 인스턴스 (Reserved)	1년 또는 3년의 기간에 대한 약정을 통해 온디맨드보다 최대 75% 저렴한 비용을 지불합니다.
스팟 인스턴스 (Spot)	경매 방식의 인스턴스로 스펙을 정해 비용을 입찰하여, 높은 가격을 입력한 사용자에게 인스턴스가 할당됩니다.
전용 인스턴스 (Dedicated)	고객 전용의 하드웨어에서 인스턴스 서비스를 제공합니다.

이러한 EC2 구매 옵션은 서비스의 유형에 따라 본인에게 가장 적절한 구매 옵션을 선택할 수 있습니다.

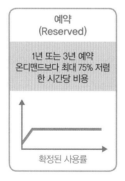
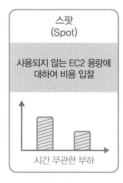

[그림 2-11] EC2의 인스턴스 구매 옵션

빈번하게 서버를 생성하고 삭제 등을 자주 사용하는 개발 환경이라면 실제 사용한 시간당 사용량만큼 과금하는 온디맨드 인스턴스(On-Demand Instance)가 적절하며, 장기적으로 변경 없이 1~3년간 사용하는 경우는 예약 인스턴스(Reserved Instance)가 유리합니다. 단기적으로 동영상 인코딩과 같이 병렬 컴퓨팅 파워를 사용하는 서비스는 스팟 인스턴스(Spot Instance)가 유리하며, 고객의 전용 하드웨어 사용을 통해 보다 보안성 높고 안정적인 클라우드 서비스 사용이 목적이라면 전용 인스턴스(Dedicated Instance)의 사용이 적합합니다.

이와 같이 다양한 EC2 구매 옵션 중 EC2 서비스의 목적에 맞는 구매 옵션을 선택함으로써 비용에 대한 최적화가 가능합니다.

4-3 Amazon EBS(Elastic Block Storage)

Amazon EBS는 Elastic Block Storage의 약자로 EC2에 연결되는 Block Level의 스토리지 서비스입니다. 서버에 장착하는 서버용 하드디스크라고 생각하면 이해가 빠릅니다.

구분	내용
서비스명	Amazon EBS(Elastic Block Storage)
설명	EC2 인스턴스용 영구 블록 수준의 스토리지 볼륨으로 안정적이고 지연 시간이 짧음
주요 특징	– 크기는 1GB 단위로 1GB~1TB까지 선택 가능 – 크기/사용 기간을 기준으로 비용 과금 – 마그네틱의 경우 발생하는 I/O 횟수에도 비용 과금 – EC2 인스턴스와 독립적으로 사용 가능하며, 다른 EC2 인스턴스에 교체 가능 – 데이터는 영구적으로 저장되며, 원하는 가용 영역에(AZ) 생성 가능 – 백업된 스냅샷에서 EBS 볼륨을 생성/복원 가능(다른 AZ에도 생성 가능)
프리티어 (Free Tier)	– 30GB 범용(SSD) 또는 마그네틱을 원하는 대로 조합 – 2백만 I/O(EBS 마그네틱) – 1GB 스냅샷 스토리지 – 가입 후 12개월 이후에 종료됨

Amazon EBS 볼륨 유형

EBS는 서비스 타입에 따라 크게 5가지의 서비스로 분류할 수 있습니다. 볼륨 종류별 주요 특징은 다음과 같습니다.

볼륨 유형	범용 SSD	프로비저닝된 IOPS	처리량 최적화 HDD	콜드 HDD	마그네틱
설명	다양한 트랜잭션 워크로드 처리	지연 시간에 민감한 고성능 처리	자주 액세스 하며 처리량 집약적 HDD	액세스 빈도 낮은 저비용 HDD	빈도가 낮으며 성능 낮은 HDD
사례	부트 볼륨	I/O 집약적인 NoSQL, RDBMS	빅데이터, 로그 처리	일별 스캔 횟수 작업 데이터	드문 데이터 액세스
API 이름	gp2	io1	st1	sc1	standard
볼륨 크기	1GB~16TB	4GB~16TB	500GB~16TB	500GB~16TB	1GB~1TB
최대 IOPS	10,000	32,000	500	250	200
최대 처리량	160MB/초	500MB/초	500MB/초	250MB/초	4~90MB/초

본인의 EC2 구성 목적에 따라 EBS의 유형 중 하나를 선택하면 됩니다. 보통 EC2 서비스는 범용성 높고, 가성비가 뛰어난 '범용 SSD'를 사용합니다. 다만 저렴한 비용으로 EC2의 서비스를 원한다면 '마그네틱'도 나쁘지 않은 선택입니다.

Amazon EBS 스냅샷 활용

Amazon EBS의 스냅샷 기능은 EBS 볼륨의 데이터를 스냅샷(Snapshot)으로 만들어 Amazon S3에 백업 및 보관할 수 있는 기능입니다. 컴퓨터의 하드디스크를 통째로 백업할 수 있는 기능이라고 생각하면 됩니다. 이렇게 백업받은 스냅샷으로 다시 EBS 볼륨을 생성하거나, 다른 EC2로 연결하여 데이터를 복원하는 작업을 수행할 수 있습니다.

EBS 스냅샷은 다음 4가지 특징을 가지고 있습니다.

첫째, EBS 스냅샷은 스냅샷 진행 과정 중에도 EBS나 EC2의 서비스 중단 없이 기존 서비스를 즉시 사용 가능합니다.

둘째, EBS 볼륨의 크기 조정에 사용될 수 있습니다. 보통 Disk의 크기를 늘리는 작업을 수행하는 경우 기존 Disk를 스냅샷으로 백업 후 신규로 장착할 EBS의 크기를 늘려서 볼륨의 사이즈를 늘릴 수 있습니다.

셋째, 스냅샷의 공유 기능을 활용하여 권한이 있는 다른 사용자에게 공유할 수 있으며, 이렇게 공유된 스냅샷으로 새로운 EBS를 생성할 수 있습니다. 기존 스냅샷에 어떠한 영향도 주지 않습니다.

넷째, 다른 리전(Region)으로 복사가 가능합니다. 이러한 리전 간 복사 기능을 활용하여 전세계 원하는 리전으로의 지리적 확장이나, 데이터 센터 마이그레이션(Migration) 및 재해복구를 손쉽게 수행할 수 있습니다.

▨ Amazon EBS 성능과 보안성 높이기

Amazon EBS는 EC2의 Disk 성능 향상과 보안성을 높이기 위한 다양한 옵션과 기능을 보유하고 있습니다.

첫째, 프로비저닝된 IOPS(Provisioned IOPS)입니다. Amazon EBS 생성 시 EBS 유형에서 선택 가능한 옵션으로 EBS의 성능을 높이기 위해 Disk의 IOPS의 성능을 지정할 수 있는 기능입니다. EBS-Optimized 인스턴스에서 사용 가능하며, 보다 높은 I/O 성능을 제공하여 고성능의 서비스 제공에 적합한 EBS 유형입니다.

둘째, EBS 최적화된 인스턴스(EBS-Optimized Instance)입니다. Amazon EBS의 Disk 서비스를 위한 전용 네트워크의 대역폭을 사용하도록 구성하여, Disk 성능을 최적화하는 기능으로 EC2의 인스턴스 타입 중 C 시리즈, M 시리즈, R 시리즈에서 추가 비용 없이 사용 가능합니다. 또한 'Provisioned IOPS'를 함께 사용하여 IO의 최대 성능을 끌어내는 것이 가능합니다.

셋째, EBS 암호화 기능입니다. Amazon EBS를 암호화 알고리즘 중 하나인 AES-256으로 암호화하여 EBS 내부의 데이터를 보호할 수 있는 기능으로, 암호화 키는 AWS의 KMS에서 직접 생성하거나 기본키를 사용할 수 있습니다. 이렇게 암호화된 EBS 스냅샷은 공유 및 타 AWS 계정에 공유되어도 사용할 수 없습니다.

5 ⟩ Amazon 보안 그룹(Security Group)

5-1 ▶ Amazon 보안 그룹

보안 그룹(Security Group)은 인스턴스에 대한 인바운드(Inbound), 아웃바운드(Outbound)의 네트워크 트래픽을 제어하는 가상의 방화벽 역할을 수행합니다.

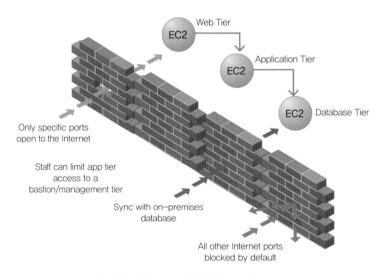

[그림 2-12] Amazon VPC Security Group

EC2 인스턴스를 시작할 때 각 인스턴스당 최대 5개의 보안 그룹을 할당할 수 있습니다. 이렇게 구성된 보안 그룹은 기존의 온프라미스(On-Premise)에서 사용되고 있는 방화벽의 정책과 유사한 기능입니다. 다만 보안 그룹(Security Group)은 네트워크 트래픽에 대한 '허용(Allow)'만 가능하며, '차단(Deny)'은 설정할 수 없습니다.

이는 보안 그룹이 EC2 인스턴스 수준에 적용되기 때문에 적용되는 룰이며, 차단 기능을 적용하기 위해서는 VPC의 기능 중 하나인 네트워크 ACL(Network ACL)을 통해 서브넷(Subnet) 수준에서 네트워크의 흐름을 제어할 수 있습니다.

보안 그룹은 다음과 같은 특징을 가지고 있습니다.

첫째, 보안 그룹(Security Group)은 생성 가능한 보안 그룹의 숫자와 규칙에 제한이 있습니다. 하나의 VPC 당 생성할 수 있는 보안 그룹의 개수는 기본 한도 500개입니다. 각 보안 그룹당 추가할 수 있는 규칙(Rule)의 개수는 50개로 제안되어 있으며, 네트워크 인터페이스당 5개의 보안 그룹을 적용할 수 있습니다. 다만 필요한 경우 AWS Support를 통해 한도 증가 요청을 할 수 있습니다.

둘째, 네트워크 트래픽을 위한 '허용(Allow)' 정책은 있으나 '차단(Deny)' 정책은 없습니다. 일반적인 방화벽(Firewall)에서는 네트워크 흐름을 제어하기 위한 정책으로 허용 정책과 차단 정책이 모두 있습니다. 하지만 보안 그룹은 허용 정책은 있으나, 차단 정책은 없습니다. 만일 차단 정책을 적용하기 위해선 VPC(Virtual Private Cloud)의 기능인 네트워크 ACL(Network ACL) 기능을 이용해야 합니다.

셋째, 인바운드(Inbound) 트래픽과 아웃바운드(Outbound) 트래픽을 별도로 제어할 수 있습니다.

넷째, 초기 보안 그룹 설정에는 인바운드 보안 규칙이 없습니다. 그래서 처음 EC2를 생성하고 다른 EC2와 통신하기를 원한다면, 해당 EC2와의 통신을 위한 인바운드 규칙을 추가하여야만 EC2 간 통신이 가능합니다.

6 〉 실습 : EC2와 EBS를 이용해서 나만의 서버 만들기

Amazon EC2(Elastic Compute Cloud)를 사용하여 Windows 인스턴스와 Linux 인스턴스를 생성하고 접속하는 방법을 배웁니다. 생성된 Windows/Linux 서버 시작, 종료 방법과 EC2 인스턴스에 대한 삭제 방법을 배웁니다. 본 실습은 Amazon Web Services 프리티어(Free Tier)를 활용하여 진행합니다.

Windows 서버용 EC2 인스턴스 만들기

01 웹 브라우저를 열고 http://
aws.amazon.com에 접속합니다.
[콘솔에 로그인] 버튼을 눌러 [로그
인] 페이지로 이동합니다.

02 이전에 생성한 AWS 계정 정보
를 확인하여 AWS Console로 로그
인합니다.

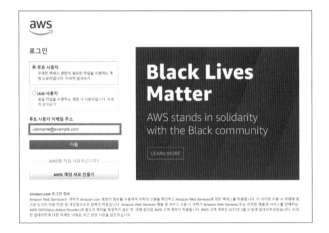

03 우측 상단에 AWS 리전 선택 항
목에서 "아시아 태평양(서울)"을 선
택하여 [서울 리전] 페이지로 접속
합니다.

04 우측 상단 [서비스] → [컴퓨팅] → [EC2]를 클릭하여 해당 페이지로 이동합니다.

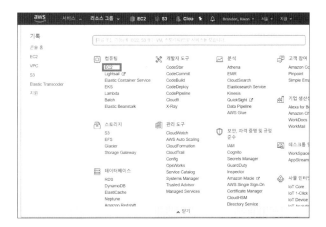

05 [인스턴스]를 클릭하여 페이지로 이동 후 중앙에 [인스턴스 시작] 버튼을 클릭합니다.

06 [Amazon Machine Image(AMI)] 선택 페이지에서 "Microsoft Windows Server 2016 Base" 서버를 찾은 후 [선택] 버튼을 클릭합니다.

07 [인스턴스 유형 선택] 페이지에서 "t2.micro" 선택 후 [다음: 인스턴스 세부 정보 구성] 버튼을 클릭합니다.

08 [인스턴스 세부 정보 구성] 페이지에서 [다음: 스토리지 추가] 버튼을 클릭합니다.

09 [스토리지 추가] 페이지에서 스토리지 정보를 확인 후 [다음: 태그 추가] 버튼을 클릭합니다.

❿ [태그 추가] 페이지에서 [키]에 "EC2", [값]에 "Window 2016"을 입력 후 [다음: 보안 그룹 구성] 버튼을 클릭합니다.

⓫ [보안 그룹 구성] 페이지에서 기본 보안 그룹 설정 정보 확인 후 [검토 및 시작] 버튼을 클릭합니다.

⓬ [인스턴스 시작 검토] 페이지에서 지금까지 구성한 정보를 확인 후 수정 변경 사항이 없다면 [시작] 버튼을 클릭합니다.

⓭ [기존 키 페어 선택 또는 새 키 페어 생성] 페이지에서 "새 키 페어 생성"을 선택 후 "AWS_Study_Key"를 입력 후 [키 페어 다운로드]를 클릭하여 "AWS Study_Key.pem" 파일을 로컬 컴퓨터에 보관합니다. 본 PEM 파일을 분실하는 경우 해당 EC2에 접근할 수 없으니 잘 보관해야 합니다.

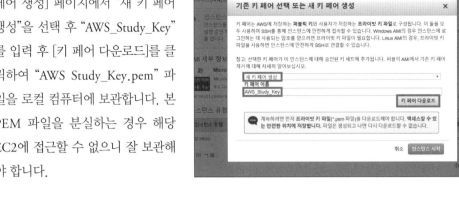

⓮ 키 페어 다운로드 완료 후 [인스턴스 시작] 버튼을 클릭합니다.

⓯ [인스턴스 시작] 진행 약 5~10분 후 [인스턴스]로 이동하면 인스턴스가 생성되어 있는 것을 확인할 수 있습니다.

6-2 ▶ Windows 인스턴스 접속하기

01 생성된 Windows 서버에 접속하기 위해 [인스턴스] 페이지에서 [연결] 버튼을 클릭하거나 인스턴스 선택 후 마우스 오른쪽 버튼 클릭 후 [연결] 버튼을 클릭합니다.

02 접속 암호 확인을 위해 [암호 가져오기] 버튼을 클릭합니다.

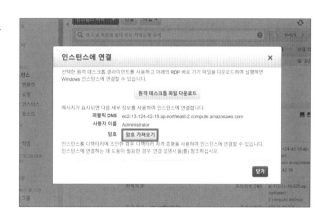

03 키 페어 경로 [파일 선택] 버튼을 눌러서 로컬 PC에 저장된 "키 페어 파일(PEM)"을 선택 후 [암호 해독] 버튼을 클릭합니다.

04 해독된 암호를 사용해서 확인 후 상단의 [원격 데스크톱 파일 다운로드] 버튼을 클릭하여 접속 프로그램을 다운로드 받습니다.

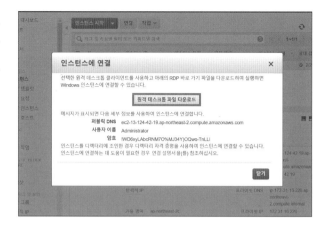

05 해당 프로그램을 원격 데스크톱 프로그램으로 연결 실행 후 [사용자 자격 증명 입력] 페이지에서 확인된 암호를 입력합니다.

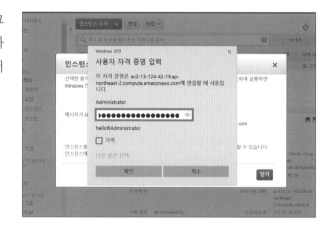

06 신규로 생성된 Windows 서버에 접속을 완료합니다.

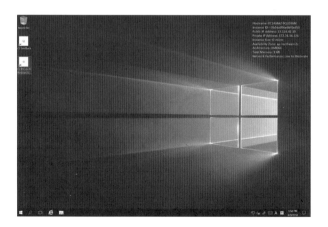

01 생성된 인스턴스를 정지(Stop) 시키기 위해 서버에 접속 후 정지 (Shut down)를 수행하거나, [인스턴 스] 페이지에서 인스턴스 선택 후 마우스 오른쪽 버튼 클릭 후 [인스 턴스 상태] → [정지]를 클릭해서 인 스턴스를 정지할 수 있습니다.

02 2~3분 후 [인스턴스] 페이지에 서 정지된(Stopped) 인스턴스의 상 태를 확인할 수 있습니다.

03 정지된(Stopped) 인스턴스를 시 작(Start)하는 방법은 [인스턴스] 페이 지에서 시작할 인스턴스를 선택 후 마우스 오른쪽 버튼 클릭 후 [인스턴 스 상태] → [시작]을 선택합니다.

04 3~5분 후 [인스턴스] 페이지에 서 정상적으로 시작된(running) 서버를 확인할 수 있습니다.

05 생성된 인스턴스의 영구 삭제를 원하는 경우 [인스턴스] 페이지에서 삭제를 원하는 인스턴스 선택 후 마우스 오른쪽 버튼 클릭 후 [인스턴스 상태] → [종료]를 클릭합니다.

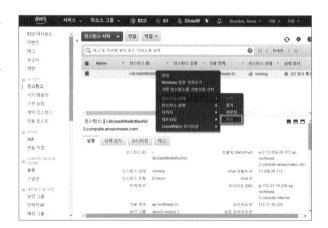

06 [종료] 버튼을 누르면 다음과 같이 "인스턴스 종료 시 루트 EBS 볼륨이 영구 삭제된다"는 안내가 나오게 되며, 이후 [예, 종료] 버튼을 누르면 인스턴스가 영구 삭제됩니다.

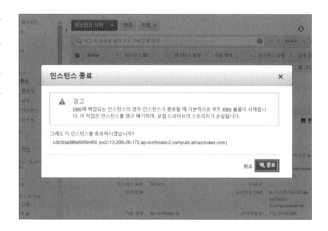

07 3~5분 후 [인스턴스] 페이지에서 해당 인스턴스가 Terminated되어 있음을 확인할 수 있습니다. EC2에 연결된 태그 및 볼륨과 리소스가 연결 해제되어, 이후 해당 인스턴스가 더이상 보이지 않게 됩니다.

6-4 Linux 서버 만들기

01 Linux 인스턴스 생성을 위한 기본 절차는 Windows 서버 생성 절차와 동일합니다. [인스턴스] 페이지에서 [인스턴스 시작] 버튼을 클릭합니다.

02 [Amazon Machine Image(AMI) 선택] 페이지에서 Amazon Web Services에 최적화 되어 있는 Linux인 "Amazon Linux AMI"를 선택 후 [선택] 버튼을 클릭합니다.

03 [인스턴스 유형 선택] 페이지에서 "t2.micro" 선택 후 [검토 및 시작] 버튼을 클릭합니다.

04 [인스턴스 시작 검토] 페이지에서 기본적인 정보를 확인 후 [시작] 버튼을 클릭합니다.

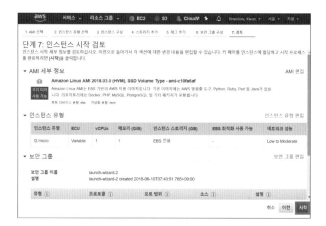

05 [기존 키 페어 선택 또는 새 키 페어 생성] 페이지에서 기존에 생성된 키 페어를 선택 후 아래 "선택한 프라이빗 키 파일(AWS_Study_key.pem)에 액세스할 수 있음을 확인합니다." 체크 후 [인스턴스 시작] 버튼을 클릭합니다.

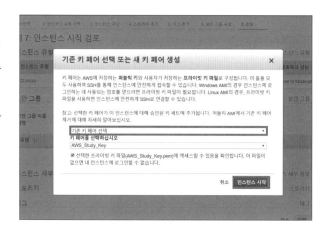

06 3~5분 후 신규로 생성된 Linux 인스턴스를 확인할 수 있습니다.

6-5 Linux 인스턴스 접속하기

01 Linux 인스턴스 접속을 위해 일반적인 SSH 접속용 프로그램이 필요하며, Putty라는 SSH 툴을 다운로드 받기 위해 http://putty.org로 접속 후 "You can download PuTTY here"를 클릭하여 페이지로 이동합니다.

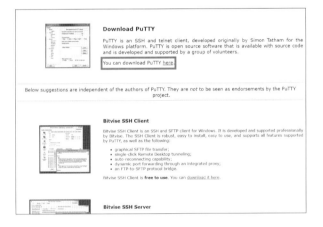

02 [다운로드] 페이지에서 본인 PC의 OS 버전과 bit 종류(32-bit/64-bit)를 확인하여 본인 PC에 맞는 프로그램을 다운로드 받아 설치합니다.

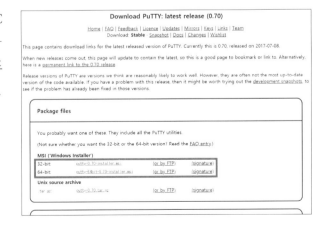

03 키 페어 파일을 PuTTY 프로그램과 연결하기 위해 PuTTY 프로그램이 설치된 경로(C:₩Program Files₩PuTTY)로 이동 후 "puttygen. exe"를 실행합니다.

04 "PuTTY Key Generator" 실행 후 [Conversions] → [Import Key]를 클릭합니다.

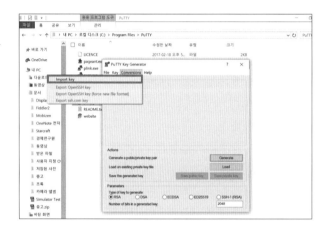

05 Linux 인스턴스 생성 시 선택한 기존에 생성한 키 페어 파일(AWS_Study_Key.pem)을 선택 후 [열기] 버튼을 클릭합니다.

06 PuTTY로 Import할 Private key 의 생성을 위해 [Save Private Key] 를 클릭 후 다음 항목에서 [Without Passphrase to protect]에서 [예] 버튼 을 클릭합니다.

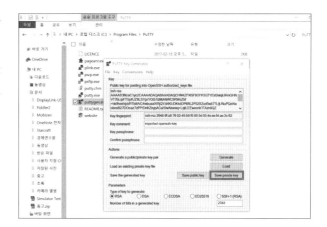

07 "AWS_Study_Key.ppk" 파일을 로컬 PC에 저장합니다.

08 로컬 PC에 설치된 PuTTY 프 로그램을 실행 후 [Connection] → [SSH] → [Auth] 메뉴의 [Private key file for authentication] 항목에 서 바로 전에 생성한 "ppk 파일"을 선택합니다.

09 접속할 Linux 인스턴스 정보를 확인하기 위해 AWS Console에 접속하여 인스턴스를 선택 후 IPv4 퍼블릭 IP 정보를 확인합니다.

10 [Session] 항목에서 [Hostname]에 인스턴스의 "IP"를 입력하고 [Connection Type]을 "SSH"를 선택하고, [Saved Sessions]에 "Linux Server"라고 입력 후 [Save] 버튼 클릭 후 하단의 [Open] 버튼을 클릭합니다.

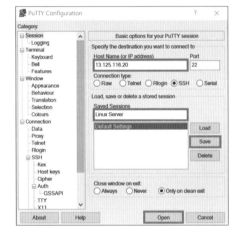

11 다음 항목에서 [예(Y)] 버튼을 클릭합니다.

⓬ [login as:] 항목에 "ec2−user"라
고 입력 후 Enter 를 누릅니다.

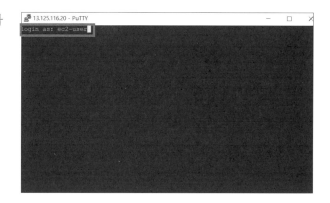

⓭ Linux 인스턴스에 접속이 완료
되었습니다.

⓮ Linux 인스턴스의 시작(Start), 정지(Stop), 종료(Terminate) 또한 Windows 인스턴스와 동일한
방식으로 수행할 수 있습니다.

7 〉실습 : 보안 그룹(Security Group)을 활용하여 보안 강화하기

Amazon 보안 그룹을 사용하여 앞에서 생성된 Linux 인스턴스에 대해 보안 그룹을 설정하고 보안 정책을 적용하는 방법을 배웁니다. Amazon 보안 그룹은 추가적으로 비용이 발생되지 않습니다. 본 실습은 Amazon Web Services 프리티어(Free Tier)를 활용하여 진행합니다.

7-1 ▶ PC의 IP 주소 확인하기

본인의 로컬 PC에서 AWS에 생성된 Linux 인스턴스 접속을 위해 사용하는 IP 정보를 확인해야 합니다. http://www.whatismyip.com에 접속하여 본인의 IP 정보를 확인합니다.

7-2 ▶ 기존 보안 그룹(Security Group) 삭제

01 기존에 설정된 보안 그룹을 삭제하기 위해 Linux [인스턴스]에서 설정된 보안 그룹을 확인하여 해당 보안 그룹을 클릭합니다.

02 [보안 그룹]의 "인바운드 규칙" 탭에서 [인바운드 규칙 편집] 버튼을 클릭합니다.

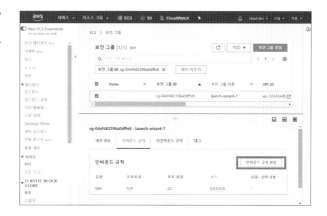

03 [인바운드 규칙 편집] 페이지에서 기존에 설정된 규칙을 삭제합니다.

04 보안 그룹(Security Group)의 인바운드(Inbound) 규칙 삭제 후 PuTTY로 Linux 인스턴스에 접속을 시도하면 보안 그룹을 삭제하였기 때문에 다음과 같이 접속 오류가 발생합니다.

신규 보안(Security Group) 생성

01 보안 그룹의 [인바운드 규칙 편집] 페이지에서 [규칙 추가] 버튼을 클릭하고 [유형]에서 "SSH"를 선택하고 [소스 유형]에 이전에 확인한 본인 로컬 PC IP 정보를 입력하거나, 소스에서 [내 IP]를 선택하여 자신의 접속 IP 정보를 입력 후 [규칙 저장] 버튼을 클릭합니다.

02 보안 그룹 설정 후 Linux 인스턴스 접속 시 정상적으로 접속됩니다.

8 > 에필로그(Epilogue) : 과금의 추억

2×××년 8월의 어느날 아내로부터 뜻밖의 말을 듣게 되었습니다. "당신 외국에서 뭘! 또 샀어?" 평상시 아마존과 eBay에서 취미로 틈틈이 직구를 해서 처음에는 '혹시 내가 구매한 것이 있었나' 생각했습니다. 하지만 특별히 생각나는 것이 없어 이상하던 차에 휴대폰에서 카드 거래내역 SMS를 확인해 보았습니다.

하나(1*1*) 해외체크승인 OOO님 USD 125.10 08/03 17:00 Amazon web Services aws.am

처음 받아보는 문자에 당황했었고, 나의 14만원은 그렇게 아마존에 지불되었습니다. 그 당시 처음 AWS를 접하고 Self Study를 위해 도서를 구매해 프리티어(Free-Tier)를 활용해 이것저것 사용해보고 만들어 보던 시기였습니다. 그 당시에는 실습을 위해 생성했던 AWS 서비스가 1달 후 나에게 요금 폭탄으로 돌아올 것이라고는 미처 생각하지 못했습니다.

결국 14만원이라는 소중한 돈이 Amazon으로 지불되고, 나의 무지로 인해 불필요한 비용을 지불했다는 생각이 들어서 매우 아쉬웠습니다. 가끔 주변에 AWS를 공부하는 분들에게 문의를 받는 경우가 있습니다.

"본인의 카드요금으로 이번 달에 $5가 청구되었는데, 어떻게 해야 하나요?" 정답은 바로, 실습 후 더 이상 사용하지 않는 AWS 서비스는 바로 삭제하는 것이 좋습니다. 하지만 만일 같은 경험을 하게 된다면, 당황하지 말고 다음의 절차에 따라 도움을 받길 바랍니다.

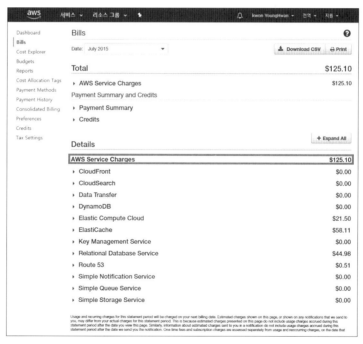

[그림 2-13] 필자의 Amazon Web Services 계정

01 [AWS Support Center]로 접속 후 [Create case] 버튼을 클릭합니다.

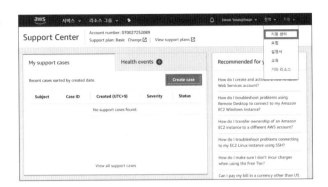

02 본인의 상황과 어떤 사유로 초과 청구되었는지 작성해서 등록합니다(참고로 최근에는 한글로 작성해도 잘 응대해 준다고 합니다).

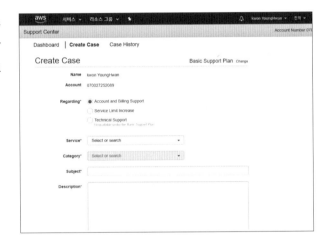

03 Amazon Support Team에서 내용을 확인 후 처리 결과에 대해 2~3일 이내에 회신을 받을 수 있으며, 대부분의 경우 Amazon에서 크레딧으로 비용을 대신 처리해주게 됩니다.

본인의 AWS 계정을 해킹당하거나 Access Key의 유출로 본인이 생성하지 않은 서버나 시스템으로 인해 어마어마한 비용이 청구되는 경우에도 AWS Support Team에서 처리를 해주는 사례가 있었으니 참조하여 문제가 발생하면 걱정하지 말고 AWS Support Team에 문의하여 해결하길 바랍니다.

본 도서 실습 대부분은 Amazon Web Services의 프리티어(Free-Tier)를 활용하여 진행될 수 있도록 하였습니다. 이에 추가적인 비용이 발생되지 않기 위해서는 실습 이후에 서버나 인스턴스에 대한 정리 및 삭제를 진행해야 합니다.

마지막으로 실습 내용에 대해 정리하는 에필로그를 장마다 제공합니다. 본 절차에 따라 실습 후 불필요한 서비스를 꼭 삭제하는 것이 좋습니다. 다만 앞장에서 생성된 서비스를 이후에도 사용하는 경우에는 실습 종료 후 서비스를 중지하는 것을 권장합니다.

EC2 중지

본 실습에서는 EC2를 생성하고 보안 그룹을 설정하는 방법에 대해 배웠습니다. 마지막으로 생성된 Linux 서버는 이후 3장, 4장까지 사용하게 됩니다. EC2의 삭제는 4장에서 진행할 예정이므로 Linux 서버를 삭제하지 말고 중지하여 EC2의 사용 비용을 발생하지 않도록 하겠습니다. 절차는 다음과 같습니다.

01 웹 브라우저를 열고 http://aws.amazon.com에 접속 후 본인의 AWS 계정으로 로그인합니다. 왼쪽 상단 메뉴의 [서비스] → [컴퓨팅] → [EC2]로 이동합니다. 메뉴의 [인스턴스]를 선택한 후 중지할 인스턴스를 클릭 후 [작업] → [인스턴스 상태] → [중지] 버튼을 클릭합니다.

02 확인 창에서 [예, 중지] 버튼을 클릭 후 인스턴스 상태가 "stopped"로 변경됨을 확인합니다.

3장

무한대로 저장 가능한
스토리지 만들기

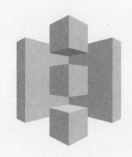

Amazon Simple Storage Services

1 > 스토리지(Storage)

스토리지란, 컴퓨터에 데이터를 저장하는 저장소의
역할을 수행하는 부품입니다. 컴퓨터의 하드디스크
와 동일한 역할을 수행하는 부품이라고 이해하면 됩
니다. 스토리지를 서버에 직접 연결할 수 있고, 대용
량의 데이터를 저장하기 위해 별도의 스토리지용 네
트워크를 구성할 수도 있습니다.

이때 서버에 직접 연결하는 방식을 DAS(Direct
Attached Storage)라 하고, 스토리지를 빠른 속도의 네
트워크로 연결하는 방식을 NAS(Network Attached
Storage)와 SAN(Storage Area Network)이라고 합니다.
NAS는 LAN(Local Area Network)을 연결하여 사용하
기 때문에 비용이 저렴합니다.

[그림 3-1] NAS(Network Attached Storage)

SAN은 확장이 용이하며, 대규모 엔터프라이즈 환경
을 구성하기 적합한 고속의 전용 네트워크를 구성하
여 빠른 속도의 스토리지 서비스를 제공합니다.

NAS와 SAN의 가장 큰 차이점 SAN은 블록 수준에
서 데이터를 저장하지만, NAS는 파일 단위로 데이터
에 접속합니다. OS 입장에서 보면, SAN은 일반적으

[그림 3-2] SAN(Storage Area Network)

로 디스크로 나타나며 별도로 구성된 스토리지용 네트워크가 존재합니다. 반면 NAS는 OS에 파
일 서버로 표시됩니다.

Amazon Web Services는 서비스의 용도에 따라 다양한 스토리지 서비스를 선택적으로 사용할 수
있습니다. 데이터를 무한하게 저장 가능한 Amazon S3(Simple Storage Services)와 대용량의 데이터
를 백업 및 보관이 가능한 Amazon Glacier 등 용도에 따라 다양한 종류의 스토리지를 이용할 수
있습니다.

2 〉데이터 백업(Data Backup)

데이터 백업이란, 데이터가 손상되거나 유실되는 것을 대비하여 데이터를 복사하고 다른 곳에 저장하는 것을 말합니다.

[그림 3-3] Data Backup Tape

저장 장소는 동일 장비 또는 다른 장비의 하드디스크 공간일 수도 있고 별도의 백업 테이프 또는 장비일 수도 있습니다.

대부분의 회사 내 IT 담당자는 평상시에는 데이터 백업의 중요성에 대해 실감하지 못합니다. 하지만 엔지니어의 실수로 중요한 데이터를 삭제 당해본 경험이 있다면 데이터 백업의 중요성에 대해선 말하지 않아도 이해될 것이라 생각합니다.

우리는 언제든지 발생할 수 있는 최악의 상황에 대비하기 위해 중요한 데이터를 반드시 백업해야 합니다. 다음은 문제가 발생할 수 있는 경우입니다.

- 하드웨어(Hardware) 고장, 하드디스크(Hard Disk) 손상
- Database 및 소프트웨어 손상, OS 자체 문제로 인한 데이터 손상
- 운영상의 데이터 유실 및 작업자의 실수, 개발자의 실수 및 쿼리 오류 등

운영상의 실수란 사용자가 잘못해서 데이터를 지우거나 전원을 내려서 데이터가 손상되는 등의 실수를 말합니다. 데이터의 백업은 이런 문제의 발생을 위해서 하는 것은 아니며, 서버를 이전하거나 교체하는 경우에도 데이터 백업이 이루어져야 합니다. Amazon Web Services는 EBS Snapshot 및 AMI 백업 등의 기능을 활용하여 데이터 백업 서비스를 제공합니다.

3 > 스냅샷(Snapshot)

스냅샷은 기술적인 용어로, 특정 시간에 데이터 저장 장치의 상태를 별도의 파일이나 이미지로 저장하는 기술로, 스냅샷 기능을 이용하여 데이터를 저장하면 유실된 데이터 복원과 일정 시점의 상태로 데이터를 복원할 수 있습니다.

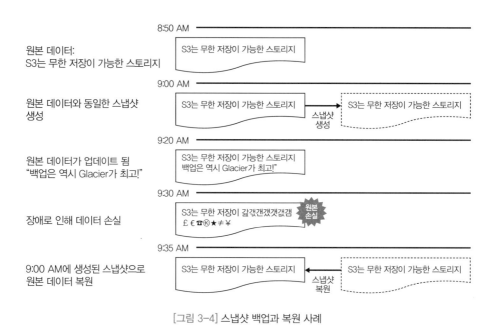

[그림 3-4] 스냅샷 백업과 복원 사례

일반적으로 스냅샷은 데이터 분석, 데이터 보호 및 데이터 복제와 같은 작업을 위해 수행되며, 재해복구(Disaster Recovery)와 같은 장애 상황에서도 데이터 복원을 통해 중요하고 긴급한 상황에도 최상의 데이터 보호 수단이 될 수 있습니다. 스냅샷은 데이터 연속성을 요구하는 상황에서 데이터를 보호할 뿐만 아니라 보다 높은 애플리케이션 가용성을 제공하고 대용량 데이터의 백업 관리를 단순화하여 운영 관리 비용을 최소화할 수 있습니다.

Amazon Web Services는 EBS(Elastic Block Storage)에 대한 스냅샷을 제공함으로써 손쉽게 서버의 데이터 백업/복원 및 다른 EC2 또는 다른 리전(Region)으로 EBS 복사 기능을 통해 인스턴스의 Migration을 지원합니다. 또한 이를 활용한 다양한 재해복구 시나리오를 제공합니다.

4 > S3와 Glacier

4-1 Amazon S3(Simple Storage Services)

Amazon S3는 Simple Storage Services의 약자로 확장성이 뛰어나며, 무한대로 저장 가능하고, 사용한 만큼만 지불하는 인터넷 기반 스토리지 서비스입니다. 버킷(Bucket)이라는 리전(Region) 내에서 유일한 영역을 생성하고 데이터를 키-값 형식의 객체(Object)로 저장합니다. Amazon S3는 비용이 매우 저렴하며, 간단한 정적 웹 서비스를 위한 웹 사이트를 만들 수 있습니다.

S3 서비스는 스토리지 기술을 근간으로 하며, 파일 단위의 접근만 지원하기 때문에 EBS(Elastic Block Storage) 서비스를 대체할 수 없습니다.

S3는 사용하고 있는 저장 공간만큼 매월 비용을 지불하며, 저장하는 데이터의 크기, 액세스 요청 횟수, 데이터 다운로드(Network Out) 용량 등으로 전체적인 비용을 산정합니다.

구분	내용
서비스명	Amazon S3(Simple Storage Services)
설명	어디서나 원하는 양의 데이터를 저장하고 검색할 수 있도록 구축된 객체 스토리지
주요 특징	– 2006년에 출시된 최초의 AWS 서비스 – 객체 기반의 무제한 파일 저장 스토리지 – URL을 통해 손쉽게 파일 공유 기능 제공 – 99.999999999% 내구성 – 정적 웹 사이트 호스팅 서비스 제공 가능
프리티어 (Free Tier)	– 5GB Amazon S3 표준 스토리지 – Get 요청 20,000건, Put 요청 2,000건 – 가입 후 12개월 이후에 종료됨

Amazon S3(Simple Storage Services)의 주요 특징

▧ **Amazon S3 활용 분야**

| 웹 서비스 | 백업 및 복원 | 보관 | 재해복구 | 빅데이터 | 엔터프라이즈 IT | 콘텐츠 전송 |

| 금융 | 고성능 컴퓨팅 | 디지털 마케팅 | 전자상거래 | 미디어 및 엔터테인먼트 | 비즈니스 애플리케이션 | 모바일 |

[그림 3-5] Amazon S3 활용 가능 분야

Amazon S3는 백업 및 복구, 데이터 아카이빙, 빅데이터 분석을 위한 데이터 레이크, 하이브리드 클라우드 스토리지 서비스, 재해복구 등 다양한 분야에 적용하여 활용할 수 있습니다.

활용 분야	내용
백업 및 복구 (Backup & Restore)	뛰어난 내구성과 확장성을 제공하며, 버전 관리 기능을 통한 데이터 보호 기능 제공과 하이브리드(Hybrid) 구성을 통해 기업 내 데이터 백업 및 복원 기능을 제공할 수 있습니다.
데이터 아카이빙 (Data Archiving)	고객이 규제 대상 산업(금융 및 의료 등)을 위한 규정 준수, 아카이브 요구사항 또는 아카이브 데이터에 드물지만 빠르게 액세스해야 하는 조직을 위한 활성, 아카이브 요구사항을 충족할 수 있도록 다양한 스토리지 클래스를 제공합니다.
빅데이터 분석을 위한 데이터 레이크 (Data Lake)	제약 또는 재무 데이터, 사진과 비디오와 같은 멀티미디어 파일과 같이 어떤 파일을 저장하든 관계없이 Amazon S3를 빅데이터 분석용 데이터 레이크(Data Lake)로 사용할 수 있습니다.
하이브리드 클라우드 스토리지 (Hybrid Cloud Storage)	AWS Storage Gateway와 연계하여 On-Premise 환경에서 클라우드 스토리지를 활용할 수 있으며, 데이터 백업 및 재해복구를 원활하게 수행할 수 있습니다.
재해복구 (Disaster Recovery)	S3의 내구성 및 안전성이 뛰어난 글로벌 인프라를 활용하여 탁월한 데이터 보호 및 타 리전(Region)으로 교차 리전 복제(CCR) 서비스를 제공합니다.

▧ **Amazon S3 스토리지 클래스**

Amazon S3는 여러 사용 사례에 맞춰 설계된 다양한 스토리지 클래스를 통해 용도에 맞게 사용자가 선택할 수 있는 옵션을 제공합니다.

Amazon S3 Standard – 무제한 저장 가능한 스토리지
• 자주 액세스하는 데이터용으로 내구성, 가용성 및 성능이 뛰어남
• 99.99% 가용성과 99.999999999% 내구성 제공 설계를 지원

Amazon S3 Standard – IA(Infrequent Access)
• 액세스 빈도 낮으며, 빠르게 액세스가 필요한 데이터
• 내구성 및 성능 99.9%, 가격은 기존 S3 대비 58%로 저렴

Amazon S3 One Zone – IA(Infrequent Access)
• 액세스 빈도 낮으며, 빠르게 액세스가 필요한 데이터
• 단일 AZ에 데이터를 저장함으로써 S3 Standard-IA 대비 20%

Amazon Glacier – 데이터 백업용 스토리지
• 데이터 보관을 위한 안전하고 안정적이며 비용이 매우 저렴한 스토리지
• S3 Standard 대비 최고 77%까지 저렴

[그림 3-6] Amazon S3 스토리지 클래스

첫째, S3 표준(S3 Standard)입니다. 자주 액세스하는 데이터를 위한 스토리지 클래스로 내구성, 가용성 및 성능이 뛰어난 객체 스토리지 서비스를 제공합니다. 99.99% 가용성과 99.999999999% 내구성 제공 설계를 지원하며, 비용은 EBS 대비 20%까지 저렴하고, 전송 데이터를 위한 SSL 및 저장 데이터 암호화를 지원합니다.

둘째, S3 표준-IA(S3 Standard Infrequent Access)입니다. 액세스 빈도가 낮지만 필요할 때 빠르게 액세스 해야 하는 데이터를 위한 스토리지 클래스입니다. S3 Standard와 같은 내구성 및 성능과 99.9% 가용성을 지원하면서 가격은 기존 S3 대비 58% 저렴하여 최근 백업 서비스에 많이 사용되는 스토리지 클래스입니다.

셋째, S3 One Zone-IA(S3 One Zone Infrequent Access)입니다. 액세스 빈도가 낮지만 빠른 액세스가 필요한 데이터를 저장하는 스토리지 클래스입니다. 최소 3개의 가용 영역(AZ)에 데이터를 저장하는 다른 S3 스토리지 클래스와 달리, 단일 AZ에 데이터를 저장함으로써 S3 Standard-IA 대비 20% 저렴한 비용을 제공합니다.

넷째, Amazon Glacier입니다. 데이터 보관을 위한 안전하고 안정적, 비용이 매우 저렴한 스토리지 서비스로 S3와 같은 내구성과 성능 및 가용성을 보유하고 있으며, S3 표준 대비 최고 77%까지 저렴합니다. 데이터 아카이빙 및 장기간 데이터 보관 및 오래된 로그 데이터에 대한 저장 용도로 적당한 서비스입니다. 또한 S3의 수명주기 기능을 통한 객체 자동 마이그레이션을 제공합니다.

4-3 Amazon Glacier

Amazon Glacier는 데이터 아카이빙 및 장기 백업을 위한 안전하고 안정적이며 비용이 매우 저렴한 클라우드 스토리지 서비스입니다. 99.999999999%의 안정성을 제공하도록 설계되어 있으며, 가장 엄격한 데이터 보관에 대한 규제 요구사항(SEC Rule 17a-4, PCI-DSS, HIPAA/HITECH, FedRAMP, EU GDPR 및 FISMA)도 충족할 수 있는 종합적인 보안 및 규정 준수 기능을 제공합니다.

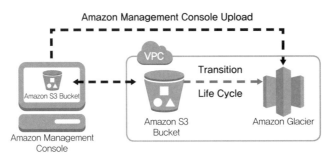

[그림 3-7] Amazon Glacier Data 전송 방법

S3의 개별 스토리지 영역인 'Bucket'과 유사한 'Vault'라는 개별 스토리지 영역을 생성하여 데이터를 보관하며, Console을 통한 업로드로 지원하며 별도의 API를 이용하여 데이터에 대한 저장 기능을 제공합니다.

일반적으로 S3에 저장되는 데이터는 라이프사이클 옵션을 활용하여 일정 기간 이상 지난 데이터에 대해 보다 저렴한 Glacier로 이동하여 저장하는 옵션을 사용할 수 있습니다.

구분	내용
서비스명	Amazon Glacier
설명	데이터 아카이빙(Data Archiving)을 위한 안전하고 안정적인 장기 객체 스토리지
주요 특징	– S3와 같은 99.999999999% 내구성 – 몇 분에서 몇 시간 내 데이터 꺼내기 제공(클래스에 따라) – S3 대비 최대 77% 저렴한 가격 – 아카이빙, 장기간 백업 및 오래된 로그 데이터 – Secure, Durable, Highly-Scalable
프리티어 (Free Tier)	데이터 보관에 대해 프리티어 제공하지 않음(단, 월별 10GB의 Amazon Glacier 데이터 검색 무료 제공)

4-4 Amazon Glacier의 주요 특징

Amazon Glacier의 데이터 접근 방법

Amazon Glacier는 세 가지의 방법으로 데이터에 접근이 가능합니다.

첫째, API/SDK를 이용한 Direct 연결입니다. API나 SDK를 활용한 프로그램 개발을 통해 깊게 저장된 데이터를 위한 Glacier에 직접 접속합니다.

둘째, S3 라이프 사이클과의 통합입니다. S3의 라이프 사이클과 통합을 통해 오래된 데이터에 대해 Glacier로 자동 이관합니다.

셋째, 3rd Party Tool과 AWS Storage Gateway 연동입니다. 기존 Backup 인프라와 3rd Party Tool 과의 연계 및 AWS Storage Gateway 통합을 통해 거부감 없는 방식으로 데이터 백업 및 보관 기능을 제공합니다.

Glacier의 데이터 검색 요금

Glacier는 보관된 데이터 액세스를 위한 검색 속도에 따라 다음과 같은 검색 요금 정책을 제공합니다.

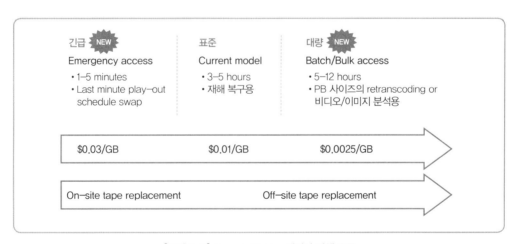

[그림 3-8] Amazon Glacier 데이터 검색 요금

5 > AMI와 Market Place

5-1 ▶ AMI(Amazon Machine Image)

AWS AMI는 Amazon Machine Image의 약자로 EC2 인스턴스 생성에 필요한 모든 소프트웨어 정보를 담고 있는 템플릿 이미지입니다.

[그림 3-9]와 같이 처음 EC2 인스턴스 생성을 위해 [인스턴스 시작] 버튼을 클릭합니다. AMI를 선택하는 화면에서 본인이 원하는 OS와 Application 종류에 따라 AMI 이미

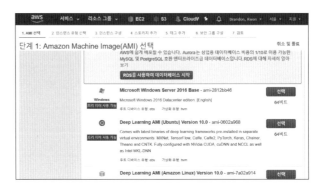

[그림 3-9] Amazon Machine Image(AMI) 선택

지를 선택하면 OS와 Application이 EC2 인스턴스 생성 시 그대로 설치됩니다.

이러한 AMI는 이용자들도 언제든지 생성 가능하며, 이후 동일한 환경을 갖는 인스턴스를 손쉽게 생성할 수 있습니다. Auto Scaling 등 자동화 할 때, EC2 인스턴스를 다른 리전(Region)으로 이전해야 할 때, 상용 솔루션이 설치되어 있는 소프트웨어를 사용하는 경우 AWS Marketplace를 이용하기 위해 AMI를 사용하게 됩니다.

5-2 ▶ Amazon Marketplace

Amazon Web Services Marketplace는 AWS에서 실행되는 소프트웨어를 판매 또는 구매할 수 있는 온라인 스토어입니다. AWS 마켓 플레이스는 35개의 카테고리에 걸쳐 1280개 이상의 소프트웨어 판매업체가 제공하는 4,200개 이상의 소프트웨어를 보유하고 있습니다.

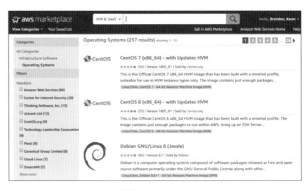

[그림 3-10] Amazon Marketplace

또한 OS(Operating System), Security, Network, Storage, BI(Business Intelligence), Database, Media 등 다양한 분야에 걸친 솔루션들과 Application을 검색하고, 구매하고, 배포 및 관리할 수 있는 원-스톱(One-Stop) 쇼핑을 지원합니다.

6 > 실습 : 무한대로 저장 가능한 Amazon S3로 파일 업로드 및 삭제하기

Amazon S3(Simple Storage Services)를 사용하여 S3에 버킷(Bucket)을 생성하고 파일 업로드 및 삭제 작업을 수행하는 방법과 로컬 PC의 파일을 S3로 배치 파일 업로드(Batch Upload)할 수 있는 방법을 배웁니다. Amazon S3는 저장 공간 5GB까지 프리티어(Free Tier)를 지원합니다. 본 실습은 Amazon Web Services 프리티어(Free Tier)를 활용하여 진행합니다.

6-1 Amazon S3로 파일 업로드 및 삭제

01 웹 브라우저를 열고 http://aws.amazon.com에 접속 후 본인의 AWS 계정으로 로그인합니다. 왼쪽 상단 메뉴의 [서비스] → [스토리지] → [S3]로 이동합니다.

02 처음 접속하면 S3 서비스 사용을 위한 전역적으로 고유한 컨테이너인 '버킷(Bucket)'을 생성해야 합니다. 버킷은 리전(Region) 단위로 생성되며, 리전 내에 고유한 별칭을 사용해야 합니다. [버킷 만들기] 버튼을 클릭합니다.

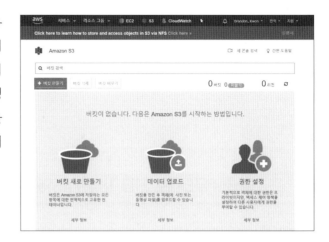

03 [버킷 이름]에 "본인이 원하는 이름"을 입력하고 [리전]은 "아시아 태평양(서울)"을 선택하고 [다음] 버튼을 클릭합니다.

04 [S3 기본 옵션 설정] 페이지에서 [다음] 버튼을 클릭합니다.

05 [S3 속성 설정] 페이지에서 "모든 퍼블릭 액세스 차단" 항목의 체크를 해제한 후 상단의 "현재 설정으로 인해 이 버킷과 그 안에 포함된 객체가 퍼블릭 상태가 될 수 있음을 알고 있습니다." 항목에 체크하고 [다음] 버튼을 클릭합니다.

06 마지막으로 S3 설정 내역을 확인하고 [버킷 만들기] 버튼을 클릭합니다.

07 버킷이 생성되었음을 확인하고 "버킷 이름"을 클릭하여 하위페이지로 이동합니다.

08 [폴더 만들기] 버튼을 클릭 후 폴더명에 "upload_test"를 입력하고 [저장] 버튼을 눌러 폴더를 생성합니다.

09 생성된 폴더명을 클릭하여 폴더 내부로 이동 후 [업로드] 버튼을 클릭 후 [파일 추가] 버튼을 눌러 파일을 추가하거나 드래그앤드롭(Drag & Drop)하여 업로드할 파일을 추가 후 [업로드] 버튼을 클릭합니다.

10 파일이 정상적으로 업로드되었음을 확인 후 "파일명"을 클릭하여 속성 페이지로 이동합니다.

⑪ 업로드된 파일을 확인하기 위해 [객체 URL] 항목의 전체 접근 경로를 클릭합니다.

⑫ 현재는 접근 권한이 없기 때문에 다음과 같이 에러가 표시됩니다.

⑬ 이전 페이지로 이동 후 [퍼블릭으로 설정] 버튼을 클릭 후 다시 [링크]를 클릭하면 다음과 같이 업로드된 이미지를 확인할 수 있습니다.

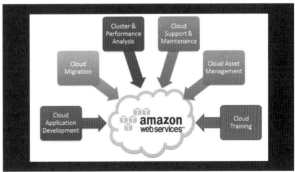

⓮ 폴더 또는 파일 삭제를 원하는 경우 삭제할 대상을 다음과 같이 체크하여 선택 후 [더 보기] 버튼 클릭 후 [삭제]를 클릭합니다.

⓯ 삭제할 대상을 확인 후 [삭제] 버튼을 클릭하여 파일 또는 폴더를 삭제합니다.

6-2 ▶ PC의 파일을 Amazon S3로 백업하기

AWS 명령줄 인터페이스(CLI)를 사용하여 Amazon S3에 액세스할 수 있도록 구성하고, 로컬 PC 또는 서버에서 배치 파일(Batch File)과 윈도우 예약 작업을 활용하여 설정된 일정에 자동으로 백업할 수 있도록 구성합니다.

01 Amazon S3에 접속 후 미리 생성된 버킷 내에 백업 테스트를 위해 다음과 같이 폴더 만들기를 통해 "backup_test" 폴더를 생성합니다.

02 AWS CLI 사용을 위해 IAM 계정 생성이 필요합니다. 상단 메뉴 중 [서비스] → [보안, 자격 증명 및 규정 준수] → [IAM]을 클릭합니다.

03 IAM에서 [사용자] → [사용자 추가] 버튼을 클릭합니다.

04 [사용자 이름]에 "AWS_Admin"을 입력 후 [액세스 유형]에서 "프로그래밍 방식 액세스"를 선택 후 [다음: 권한] 버튼을 클릭합니다.

05 [정책 설정]에서 [기존 정책 직접 연결] 버튼을 클릭 후 [정책 선택] 페이지에서 "AdministratorAccess"를 선택하고 하단의 [다음: 태그] 버튼 클릭 후 [태그 추가] 페이지에서 [다음: 검토] 버튼을 클릭합니다.

06 마지막으로 사용자 생성 정보를 확인 후 [사용자 만들기] 버튼을 클릭합니다.

07 프로그래밍 접근을 위해 필요한 인증 정보 확인을 위해 [.csv 다운로드] 버튼을 클릭합니다.

08 AWS CLI 설치를 위해 https://docs.aws.amazon.com/ko_kr/cli/latest/userguide/install-cliv2.html로 이동 후 "Windows에 AWS CLI 버전 2 설치"로 링크를 클릭합니다.

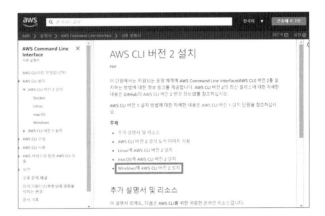

09 안내 페이지에서 AWS CLI 버전 2를 설치하기 위해 "https://awscli.amazonaws.com/AWSCLIV2.msi"를 클릭하여 설치 파일을 다운로드 받은 후 AWS CLI 버전 2 프로그램을 설치합니다.

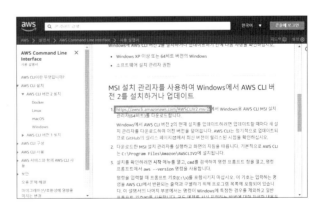

⑩ ▣+R을 누르고 [실행]의 명
령 프롬프트를 열어 "cmd"를 입력
하고 [확인] 버튼을 클릭합니다.

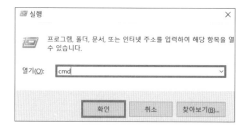

⑪ Command 창을 띄웁니다.

⑫ 이전에 다운로드 받은 CSV 파
일을 열어 인증 정보를 확인합니다.

⑬ "aws configure"를 입력하고
Enter를 누릅니다. 메시지가 표시
되면 다음을 입력합니다.

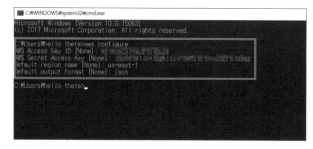

AWS Access Key ID [None] : 1단계 파트 d에서 다운로드한 credentials.csv 파일의 액세스 키 ID를 입력합니다(참고: 액세스
키 ID는 AKIAPWINCOKAO3U4FWTN과 같은 형태입니다).
AWS Secret Access Key [None] : 1단계 파트 d에서 다운로드한 credentials.csv 파일의 보안 액세스 키 ID를 입력합니다(참
고: 보안 액세스 키 ID는 5dqQFBaGuPNf5z7NhFrgou4V5JJNaWPy1XFzBfX3와 같은 형태입니다).
Default region name [None] : us-east-1을 입력합니다.
Default output format [None] : json을 입력합니다.

⓮ 로컬 PC 또는 서버 내 백업할 폴더 정보를 확인 후 Command 창에 "aws s3 sync '백업할 로컬 파일 경로' s3://버킷명/폴더 경로"를 입력합니다.

"aws s3 sync '로컬 파일 경로' s3://버킷명/폴더 경로"는 로컬 폴더 전체의 파일을 "s3://버킷명/폴더 경로"로 폴더 전체 내용을 동기화시키는 명령어입니다. 위와 같이 입력 후 동일 명령을 주기적으로 실행하면 폴더 내 전체 파일을 주기적으로 s3로 백업할 수 있습니다. 일일이 파일을 지정하지 않아도 되므로 파일 백업이 매우 편리합니다.

⓯ S3로 이동 후 파일이 정상적으로 동기화 되었는지 확인합니다.

⓰ 파일 백업을 자동화 하기 위해 메모장을 이용해서 배치 파일(.bat)을 만들고 "aws s3 sync '백업할 로컬 파일 경로' s3://버킷명/폴더 경로"를 로컬 PC에 저장합니다.

⑰ [제어판] → [관리 도구] → [작업 스케줄러]를 실행합니다.

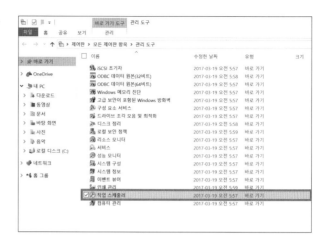

⑱ [작업 스케줄러] → [작업 만들기]를 클릭합니다.

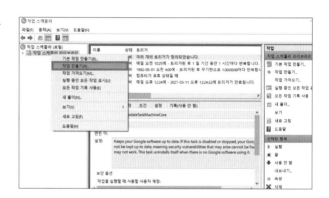

⑲ [새 작업 만들기]에서 [이름]에 "AWS File Backup", [보안 옵션]은 "사용자가 로그온할 때만 실행", "가장 높은 수준의 권한으로 실행"을 선택 후 [트리거] 탭을 클릭합니다.

❷⓿ [트리거] → [새로 만들기] 선택 후 [설정]에서 "매일", "오전:6:00:00", "사용" 선택 후 [확인] 버튼을 클릭합니다.

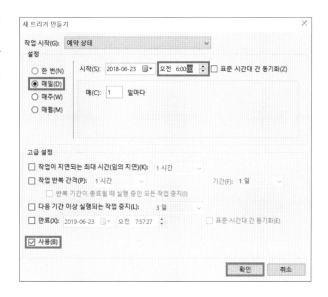

❷❶ [동작] → [새로 만들기] 클릭 후 [찾아보기]를 눌러 이전에 생성한 배치 파일을 선택 후 [확인] 버튼을 클릭합니다.

❷❷ 작업 스케줄의 모든 설정을 확인 후 [확인] 버튼을 눌러, 작업 스케줄 등록을 확인 후 마우스 오른쪽 버튼 클릭 후 [실행] 버튼을 눌러 정상 동작 여부를 확인합니다.

㉓ 작업 스케줄을 통해 정상적으로 Sync가 진행되었는지 AWS Console을 통해 확인합니다. 이후 작업 스케줄의 옵션을 조정하여 원하는 형태로 파일 백업 및 동기화를 수행할 수 있습니다.

7 > 실습 : AMI를 이용한 서버 백업과 복원하기

Amazon AMI(Amazon Machine Image)를 사용하여 서버를 백업하고 복원하는 방법에 대해 실습합니다.

7-1 AMI를 이용한 EC2 백업

① 메인 메뉴의 [서비스] → [컴퓨팅] → [EC2]로 이동합니다.

02 [인스턴스]에서 백업할 인스턴스 선택 후 마우스 오른쪽 버튼 클릭 후 [이미지] → [이미지 생성]을 클릭합니다.

03 [이미지 이름]에 "생성할 이미지 이름"을 입력 후 [이미지 생성] 버튼을 클릭합니다.

04 2~5분 후 [이미지] → [AMI]에서 AMI가 정상적으로 생성되었음을 확인합니다.

7-2 ▶ AMI를 이용한 EC2 복원

① [인스턴스]에서 기존 인스턴스를 선택 후 [종료] 버튼을 눌러 기존 인스턴스를 삭제합니다.

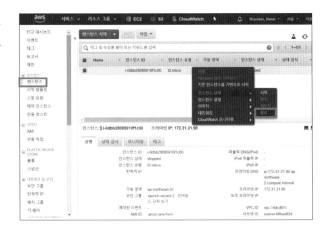

② [이미지] → [AMI]에서 AMI 이미지 선택 후 마우스 오른쪽 버튼 클릭 후 [시작]을 클릭합니다.

③ [인스턴스 유형 선택] 페이지에서 인스턴스 유형을 "t2.micro"로 선택 후 [검토 및 시작] 버튼을 클릭합니다.

04 [인스턴스 시작 검토] 페이지에서 인스턴스 내용 확인 후 [시작] 버튼을 클릭합니다.

05 [키 페어 선택] 페이지에서 "기존 키 페어 선택"을 선택하고 아래 체크박스 선택 후 [인스턴스 시작] 버튼을 클릭합니다.

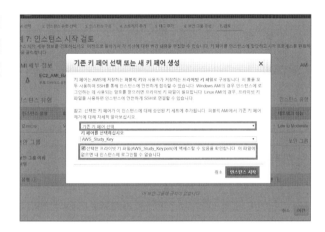

06 [인스턴스] 페이지로 이동 후 신규로 생성된 인스턴스의 퍼블릭 IP 확인 후 PuTTY를 통해 접속을 시도합니다.

07 백업된 AMI로 생성된 인스턴 스에 정상적으로 접속됩니다.

```
ec2-user@ip-172-31-30-187:~
login as: ec2-user
Authenticating with public key "imported-openssh-key"
Last login: Sun Jun 10 11:18:01 2018 from 125.128.151.99

       __|  __|_  )
       _|  (     /   Amazon Linux AMI
      ___|\___|___|

https://aws.amazon.com/amazon-linux-ami/2018.03-release-notes/
11 package(s) needed for security, out of 13 available
Run "sudo yum update" to apply all updates.
[ec2-user@ip-172-31-30-187 ~]$
```

8 〉 에필로그(Epilogue) : Amazon Web Services의 시작 S3

2006년 3월 제임스 해밀턴(James Hamilton)은 Microsoft Exchange Hosted Services를 위한 안티 스팸 이메일 플랫폼의 총괄 책임자로 일하고 있었습니다. 제임스 해밀턴은 당시까지 온라인 서점으로 유명한 아마존닷컴에서 새로운 클라우드 기반 스토리지 시스템을 출시했다는 뉴스를 보고 이에 대해 조사를 시작하였습니다.

제임스 해밀턴은 앱(App)을 작성해 아마존의 S3(Simple Storage Services)에 저장하고 소스라치게 놀랐습니다. 필요한 모든 스토리지 자원을 신용카드만 있으면 확보할 수 있고, 자동으로 여러 데이터 센터에 걸쳐 있는 리던트 스토리지 시스템까지 얻었기

[그림 3-11] James Hamilton(출처 : Google)

때문입니다. 또한 첫 달 요금은 겨우 3.08달러밖에 되지 않았습니다. 제임스 해밀턴은 Amazon S3와 이러한 새로운 클라우드 서비스가 '새 시대의 서막'이 될 것이라고 확신했습니다.

12년 전 출시된 Amazon S3는 전통적인 IT 업체들을 무너뜨리고 'Services-As-A-Infra' 즉, '클라우드 컴퓨팅'이란 새 시장을 예고하는 혁신의 신호탄이 되었으며, 이를 통해 Amazon Web Services가 클라우드 분야 1위의 위치를 굳건하게 지킬 수 있게 하는 계기가 되었습니다.

이후 제임스 해밀턴은 2009년 1월 Amazon으로 이직하였으며, 현재는 Vice President and Distinguished Engineer로 눈부신 활약을 하고 있습니다.

[그림 3-12] James Hamilton, AWS re:Invent 2016
(출처 : Google)

S3 버킷 삭제

S3에 보관된 정보 삭제는 S3 버킷 삭제를 통해 전체 데이터에 대한 삭제가 가능합니다. 세부 절차는 다음과 같습니다.

❶ 웹 브라우저를 열고 http://aws.amazon.com에 접속 후 본인의 AWS 계정으로 로그인합니다. 왼쪽 상단 메뉴의 [서비스] → [스토리지] → [S3]로 이동합니다. 실습을 위해 생성한 버킷(Bucket)을 선택 후 [버킷 삭제] 버튼을 클릭합니다.

❷ 삭제 확인을 위해 생성된 버킷의 이름을 입력하고 [확인] 버튼을 클릭하여 버킷을 삭제합니다.

4장

독립적인 나만의 가상
네트워크 공간 만들기

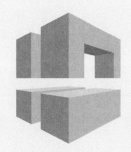

Amazon Virtual Private Cloud

1 > Network

Network는 Net(촘촘하게 연결되어 있는) + Work(일)의 합성어로 연결해서 서로가 가지고 있는 정보를 결합하여 생산적인 가치 만드는 일을 말합니다. 간략하게 말해서 '네트워킹을 한다 = 서로 통신(Communication)을 한다'고 할 수 있습니다.

서로 통신을 하기 위해서는 반드시 지켜야 하는 약속들이 있습니다. 예를 들어, 회사와 회사가 거래를 할 때 서로 간의 지켜야 할 조항 및 합의에 대한 내용을

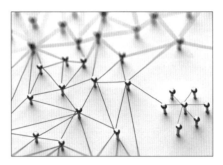

[그림 4-1] Network

담은 계약서를 작성하여 양쪽에서 교환하고 거래를 성립하는 것처럼 서로 간의 통신을 하기 위해 지켜야 하는 약속들을 준수하고, 교환함으로써 통신이 성립됩니다. 이렇게 통신을 위해 지켜야 하는 약속들을 프로토콜(Protocol)이라고 합니다.

2 > VPN(Virtual Private Network)

VPN은 Virtual Private Network의 약자로 큰 규모의 조직이 여러 곳에 분산되어 있는 컴퓨터들을 연결하는 보안성이 높은 사설 네트워크(Private Network)를 만들거나, 인터넷을 활용하여 원격지 간에 네트워크를 서로 연결하고 암호화 기술을 적용하여 보다 안정적이며, 보안성 높은 통신 서비스를 제공하는 서비스를 말합니다.

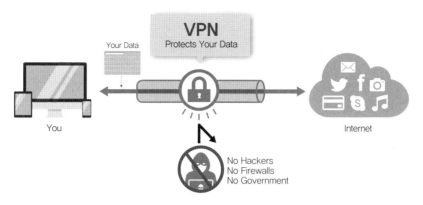

[그림 4-2] VPN(Virtual Private Network)

기존 IDC(Internet Data Center)에서 서비스하던 모든 시스템을 클라우드로 이전하는 것은 매우 어려운 일입니다. 이러한 경우 IDC − 클라우드 간의 네트워크 연결을 통해 기존 시스템과 클라우드 시스템 간의 데이터 통신이 필요하게 됩니다.

Amazon Web Services는 VPC(Virtual Private Cloud)와 VPC Gateway를 통해 On−Premise의 VPN 장비와 Amazon Web Services 간의 VPN을 연결할 수 있으며, 이를 통해 보안성 높은 하이브리드 클라우드(Hybrid Cloud) 환경을 구현하여, 원활한 클라우드 컴퓨팅 서비스를 지원할 수 있습니다.

3 > VPC(Virtual Private Cloud)

Amazon VPC는 Virtual Private Cloud의 약자로 AWS 클라우드에서 논리적으로 격리된 네트워크 공간을 할당하여 가상 네트워크에서 AWS 리소스를 이용할 수 있는 서비스를 제공합니다.

Amazon VPC 자체 IP 주소 범위, 서브넷(Subnet) 생성, 라우팅 테이블(Routing Table) 및 네트워크 게이트웨이 구성 선택 등 가상 네트워킹 환경을 완벽하게 제어할 수 있으며, VPC에서 IPv4와 IPv6를 모두 사용하여 리소스와 애플리케이션에 안전하고 쉽게 액세스할 수 있습니다.

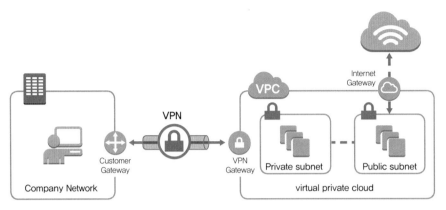

[그림 4-3] Amazon VPC(Virtual Private Cloud) 개념도

이러한 네트워크의 구성을 손쉽게 정의할 수 있으며, 보안 그룹(Security Group) 및 네트워크 제어 목록(Network Access Control List)을 포함한 다중 보안 계층을 활용하여 각 서브넷(Subnet)에서 EC2 인스턴스에 대한 액세스를 제어할 수 있습니다. 또한 기업의 데이터 센터와 VPC 사이에 하드웨어 가상 사설 네트워크 연결을 생성하여, AWS 클라우드를 기업의 데이터 센터를 확장할 것처럼 사용할 수 있습니다.

구분	내용
서비스명	Amazon VPC(Virtual Private Cloud)
설명	직접 정의 가능한 가상 네트워크(Private Network)에서 AWS 리소스를 구동할 수 있는 논리적으로 격리된 네트워크 제공
주요 특징	– AWS에 사설 네트워크 구축 – 회사와 AWS 간 VPN을 연결하거나 가상 네트워킹 구현 – 기존 데이터 센터와의 연결을 통해 하이브리드(Hybrid) 환경 구성 – AWS를 회사 인프라의 일부처럼 사용할 수 있으며, 내부 시스템 소프트웨어의 연동이 매우 쉬움(예: 메일, 그룹웨어와 같은 업무 시스템, 파일 서버 등) – 세심한 네트워크 설정 가능 – 모든 리전(Region)에서 이용 가능
프리티어 (Free Tier)	VPC 자체는 비용이 발생하지 않지만, VPN 연결 시 네트워크 송/수신에 따른 종량제 비용 발생

4 > VPC의 구성 요소

4-1 프라이빗 IP(Private IP) 주소, 퍼블릭 IP(Public IP) 주소, 탄성 IP(Elastic IP) 주소

프라이빗 IP 주소는, 인터넷을 통해 연결할 수 없는, VPC 내부에서만 사용할 수 있는 IP 주소입니다. 프라이빗 IP는 VPC에서 시작된 인스턴스 서브넷의 범위에서 자동으로 할당되며, 동일 네트워크에서 인스턴스 간 통신에 사용할 수 있습니다. 기본 프라이빗 주소와 별도로 보조 프라이빗 IP 주소라는 추가 프라이빗 주소를 할당할 수 있습니다.

퍼블릿 IP 주소는, 인터넷을 통해 연결할 수 있는 IP 주소로, 인스턴스와 인터넷 간의 통신을 위해 사용할 수 있습니다. EC2 생성 시 옵션으로 퍼블릭 IP 주소의 사용 여부를 선택할 수 있으며, 인스턴스에서 퍼블릭 IP 주소를 수동으로 연결하거나 해제할 수 없습니다. 또한 인스턴스가 재부팅되면 새로운 퍼블릭 IP 주소가 할당됩니다.

탄성 IP 주소는, 동적 컴퓨팅을 위해 고안된 고정 퍼블릭 IP 주소입니다. VPC의 모든 인스턴스와 네트워크 인터페이스에 탄성 IP를 할당할 수 있으며, 다른 인스턴스에 주소를 신속하게 다시 매칭하여 인스턴스 장애 조치를 수행할 수도 있습니다. 탄력적 IP 주소의 효율적인 활용을 위해 탄력적 IP 주소가 실행 중인 인스턴스와 연결되어 있지 않거나, 중지된 인스턴스 또는 분리된 네트워크 인터페이스와 연결되어 있는 경우 시간당 요금이 부과됩니다. 사용 가능한 탄력적 IP 주소는 5개로 제한되며, 이를 절약하기 위해 NAT 디바이스를 사용할 수 있습니다.

4-2 VPC와 서브넷(Subnet)

VPC는 사용자의 AWS 계정을 위한 전용의 가상 네트워크를 말합니다. 이러한 VPC는 AWS 클라우드에서 다른 가상 네트워크와 논리적으로 분리되어 있으며, Amazon EC2 인스턴스와 같은 AWS 리소스를 VPC에서 실행할 수 있습니다. VPC 내부의 네트워크에서도 서비스 목적에 따라 IP Block으로 나누어 구분할 수 있습니다. 우리는 이렇게 분리된 IP Block의 모음을 서브넷(Subnet)이라고 합니다. 우리가 흔히 알고 있는 네트워크상 서브넷과 동일한 개념입니다.

VPC는 리전(Region)의 모든 가용 영역(Availability Zone)에 적용되며, 각 가용 영역에 하나 이상의 서브넷을 추가할 수 있습니다. 하지만 서브넷은 단일 가용 영역에서만 생성할 수 있으며, 여러 가용 영역으로 확장할 수 없습니다.

4-3 VPC(Virtual Private Cloud)와 서브넷(Subnet)의 사이즈

VPC를 생성할 때 VPC에서 사용하게 될 IP 주소의 범위(예: 10.0.0.0/16)를 지정하게 되는데 범위를 CIDR(Classless Inter-Domain Routing) 블록 형태로 지정해야 합니다. 이때 사용하게 될 CIDR 표기법에 대해 처음 접하는 경우 어려울 수 있습니다. VPC를 생성하는 경우 10.0.0.0/24로 VPC를 생성하게 되면 256개의 IP 주소를 지원하게 되며, CIDR 블록을 각각 128개의 IP 주소를 지원하는 2개의 서브넷으로 나눌 수 있습니다. 한 서브넷은 10.0.0-/25 CIDR(10.0.0.0~10.0.0.127)과 다른 서브넷은 10.0.0.128/25 CIDR 블록(10.0.0.128~10.0.0.255)을 사용하도록 구성할 수 있습니다. 보다 자세한 CIDR 블록 계산 방법은 네이버(Naver)나 구글(Google)을 통해 검색 및 확인할 수 있습니다.

4-4 퍼블릭 서브넷(Public Subnet)과 프라이빗 서브넷(Private Subnet)

서브넷 네트워크 트래픽이 인터넷 게이트웨이(Internet Gateway, IGW)로 라우팅이 되는 서브넷을 퍼블릭 서브넷(Public Subnet)이라 하고, 인터넷 게이트웨이로 라우팅 되지 않는 서브넷을 프라이빗 서브넷(Private Subnet)이라 합니다.

EC2 인스턴스가 IP를 통해 인터넷과 통신을 할 수 있게 하려면, 퍼블릭 IP(Public IP) 주소나 탄력적 IP(Elastic IP) 주소가 있어야 합니다. 일반적으로 인터넷망을 통해 서비스를 수행하는 웹 서버(Web Server)는 퍼블릭 서브넷에 생성하며, 인터넷에 직접적으로 연결할 필요가 없고, 보다 높은 보안성을 필요로 하는 DB 서버는 프라이빗 서브넷에 생성합니다.

4-5 라우팅 테이블(Routing Table)

각 서브넷은 서브넷 외부로 나가는 아웃바운드(Outbound) 트래픽에 대해 허용된 경로를 지정하는 라우팅 테이블(Routing Table)이 연결되어 있어야 합니다. 생성된 서브넷은 자동으로 VPC의 기본 라우팅 테이블과 연결되며, 테이블의 내용을 변경할 수 있습니다.

이러한 라우팅 테이블은 VPC의 서브넷 내에서 생성된 네트워크 패킷이 목적지 주소로 이용하기 위해 어떤 경로로 이동되어야 하는지를 알려주는 나침반과 비슷한 개념으로 이해하면 됩니다. 그래서 서브넷 간의 통신이나 VPC 간의 원활한 통신을 위해 라우팅 테이블을 이용합니다.

5 〉 VPC의 주요 서비스

5-1 ▶ 보안 그룹(Security Group)과 네트워크 액세스 제어 목록(Network ACL)

VPC는 네트워크 통신과 트래픽에 대해 IP와 Port를 기준으로 통신을 허용하거나 차단하기 위한 기능을 제공합니다. 이러한 서비스를 보안 그룹(Security Group)과 네트워크 ACL(Network ACL)이라 합니다.

VPC의 보안 그룹과 네트워크 ACL을 통해 AWS 상에서 방화벽과 동일한 기능을 사용할 수 있습니다. 보안 그룹과 네트워크 ACL의 서비스에 대한 비교는 다음과 같습니다.

구분	보안 그룹 (Security Group)	네트워크 ACL (Network Access Control List)
서비스 범위	인스턴스 레벨(Instance Level)에 적용	서브넷 레벨(Subnet Level)에 적용
적용 정책	허용(Allow) 규칙만 적용	허용(Allow) 및 거부(Deny) 규칙 적용
구동 방식	규칙에 상관없이 반환 트래픽 허용	반환 트래픽이 별도로 허용되어야 함
룰(Rule) 검토/적용	해당 객체 내 모든 룰(Rule) 검토	해당 객체 내 룰(Rule)을 번호 순으로 처리
적용 방법	인스턴스에 보안 그룹 추가 필요	연결된 서브넷에 모든 인스턴스 자동 적용됨

이와 같이 보안 그룹과 네트워크 ACL은 차이가 있으므로 필요에 따라 선택적으로 적용하여 사용하는 것을 권장합니다.

5-2 ▶ VPC 피어링 연결(VPC Peering Connection)

피어링 연결은 비공개적으로 두 VPC 간에 트래픽을 라우팅할 수 있게 하기 위한 서로 다른 VPC 간의 네트워크 연결을 제공합니다. VPC Peering을 통해 동일한 네트워크에 속한 것과 같이 서로 다른 VPC의 인스턴스 간에 통신이 가능합니다.

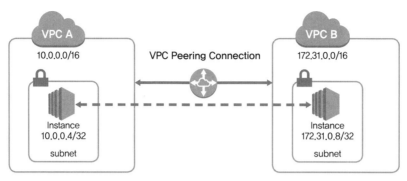

[그림 4-4] Amazon VPC Peering Connection

일반적으로 엔터프라이즈(Enterprise) 규모의 글로벌 기업에서 전세계 임직원을 대상으로 이메일 서비스를 제공하는 경우에는 보다 빠른 메일 서비스 제공을 위해 주요 거점별로 메일 서버를 별도로 구축하고, 안전한 메일 송수신을 위해 고가의 글로벌 전용회선 서비스를 이용합니다.

Amazon Web Services는 2017년 11월 다른 리전(Region) 간 VPC Peering 지원을 발표하였으며, 2018년 7월부터는 서울 리전을 비롯한 대부분의 리전에서 '리전 간 VPC Peering'을 제공함으로써, Amazon의 글로벌 Back Bone망을 활용하여 빠르고 보안성 높은 데이터 통신을 지원하게 되었습니다. 이를 통해 엔터프라이즈 기업의 글로벌 시스템을 구축하는 경우에도 저렴한 비용으로 안정성과 보안성 높은 네트워크 인프라를 활용할 수 있습니다.

5-3 NAT(Network Address Translation) 게이트웨이

NAT는 Network Address Translation의 약자로, 외부 네트워크에 알려진 것과 다른 IP 주소를 사용하는 내부 네트워크에서, 내부 IP 주소를 외부 IP 주소로 변환하는 작업을 수행하는 서비스입니다.

NAT 게이트웨이는 프라이빗 서브넷(Private Subnet) 내에 있는 인스턴스를 인터넷(예: 소프트웨어 업데이트용) 또는 다른 AWS 서비스에 연결하고, 외부망 또는 인터넷에서 해당 인스턴스에 연결하지 못하도록 구성하는 데 사용합니다.

외부에 공개될 필요가 없거나, 보안상 중요한 서비스이지만 윈도우 패치나 보안 업데이트, 소프트웨어 업데이트를 인터넷을 통해 받아야 하는 경우 NAT 게이트웨이나 NAT 인스턴스(NAT Instance)를 사용하게 됩니다.

NAT 게이트웨이를 구성하기 위해 다음 세 가지 조건을 만족해야 합니다.

- NAT 게이트를 생성하기 위해 퍼블릭 서브넷(Public Subnet)을 지정
- NAT 게이트웨이와 연결할 탄력적 IP(Elastic IP) 주소 필요
- NAT 게이트웨이를 만든 후 인터넷 트래픽이 NAT 게이트웨이로 통신이 가능하도록 프라이빗 서브넷 (Private Subnet)과 연결된 라우팅 테이블(Routing Table) 업데이트

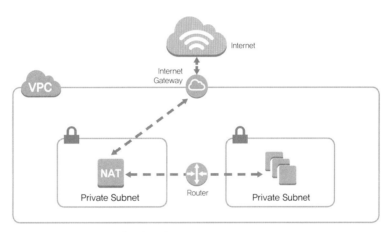

[그림 4-5] Amazon NAT Gateway

이와 같이 NAT 게이트웨이를 구성하면 프라이빗 서브넷(Private Subnet)의 인스턴스가 인터넷과 통신할 수 있습니다.

5-4 VPC Endpoint

Amazon S3는 인터넷망에 연결된 서비스로 인터넷 기반의 IP 주소와 연결 정보를 가지고 있습니다. 이러한 공용 리소스에 대해 퍼블릭 서브넷(Public Subnet)에 위치한 인스턴스는 인터넷을 통해 문제 없이 연결 가능합니다. 하지만 프라이빗 서브넷(Private Subnet)에 위치한 인스턴스는 인터넷과 연결되어 있는 S3와 같은 공용 리소스를 연결할 수 없습니다.

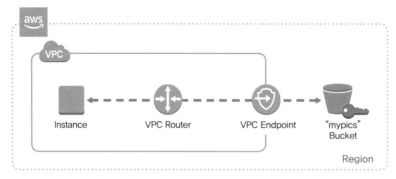

[그림 4-6] Amazon VPC Endpoint

이러한 경우 S3에 연결하기 위해서는 NAT 게이트웨이나 NAT 인스턴스가 필요합니다. 하지만 VPC Endpoint를 이용하면 빠르고 손쉽게 S3, DynamoDB에 연결할 수 있습니다.

5-5 VPN(Virtual Private Network) 연결

기본적으로 Amazon VPC에서 서비스되는 인스턴스는 On-Premise에 있는 서버나 IDC 내의 시스템과 통신할 수 없습니다. 물론 인터넷을 통해 강제로 통신하도록 구성할 수 있으나, 보안을 필요로 하는 중요한 데이터를 송수신하기에는 보안적으로 매우 취약합니다.

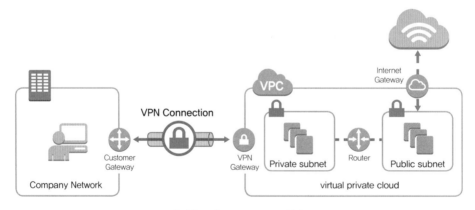

[그림 4-7] Amazon VPN 연결

이렇게 AWS VPC 내 인스턴스와 IDC 내 시스템 간의 데이터 통신을 위해 VPC에 가상의 프라이빗(Private) 게이트웨이를 연결하고 사용자 지정 라우팅 테이블을 생성하며, 보안 그룹의 규칙을 업데이트하고, AWS 관리형 VPN 연결을 생성하여 VPC에서 원격의 네트워크에 접속 가능하도록 하이브리드 클라우드(Hybrid Cloud) 환경을 구성할 수 있습니다. VPN 연결은 VPC와 자체 네트워크 사이의 연결을 의미합니다.

6 〉 실습 : VPC 마법사를 통해 퍼블릭 서브넷(Public Subnet)과 프라이빗 서브넷(Private Subnet) 만들기

마법사를 사용하여 Amazon VPC(Virtual Private Cloud)를 구성하고 퍼블릿 서브넷과 프라이빗 서브넷을 생성하여 NAT 게이트웨이를 통해 프라이빗 인스턴스가 인터넷에 연결되도록 실습을 진행합니다. Amazon VPC는 비용이 발생하지 않습니다. 다만 VPC 외부로 데이터를 송신하는 경우 사용량에 비례하여 Outbound 트래픽에 대한 비용이 발생하게 됩니다.

01 웹 브라우저를 열고 http://aws.amazon.com에 접속 후 본인의 AWS 계정으로 로그인합니다. VPC 구성을 위해 [서비스] → [네트워킹 및 콘텐츠 전송] → [VPC]로 이동합니다.

02 NAT 게이트웨이에 사용할 탄력적 IP 할당을 위해 [탄력적 IP]로 이동하여 [탄력적 IP 주소 할당] 버튼을 클릭합니다.

03 [탄력적 IP 주소 할당] 페이지에서 [할당] 버튼을 클릭합니다.

04 상단 [VPC 대시보드]에서 [VPC 마법사 시작] 버튼을 클릭합니다.

05 [1단계 : VPC 구성 선택] 페이지에서 [퍼블릭 및 프라이빗 서브넷이 있는 VPC]의 [선택] 버튼을 클릭합니다.

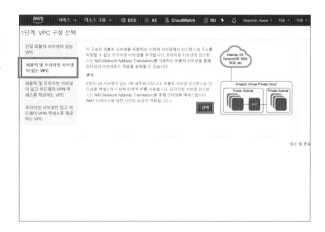

06 VPC 구성을 위해 다음과 같이 입력 후 [VPC 만들기] 버튼을 클릭해서 VPC를 생성합니다.

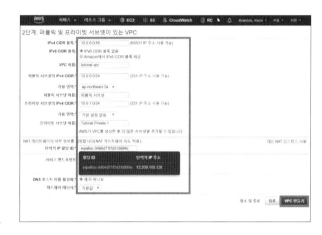

IPv4 CIDR 블록 : 10.0.0.0/16
VPC 이름 : tutorial-vpc
퍼블릭 서브넷의 IPv4 CIDR : 10.0.0.0/24
가용 영역 : ap-northeast-2a
퍼블릭 서브넷 이름 : Tutorial public
퍼블릭 서브넷 프라이빗 서브넷의 IPv4 CIDR : 10.0.1.0/24
가용 영역 : ap-northeast-2a
프라이빗 서브넷 이름 : Tutorial Private 1
NAT 게이트웨이의 세부 정보를 지정합니다 : 대신 NAT 게이트웨이 사용
탄력적 IP 할당 ID : 이전에 선택한 탄력적 IP 선택
DNS 호스트 이름 활성화 : 예
하드웨어 테넌시 : 기본값

7 ＞ 실습 : 리전(Region) 간 VPC Peering으로 글로벌 통합 네트워크 환경 구축하기

Inter-Region VPC Peering을 테스트하기 위해 런던 리전에 VPC를 만들고, 서울 리전과 런던 리전 간에 VPC Peering을 수행한 후 각 리전 간 네트워크가 정상적으로 연결되는지 확인합니다. 본 실습은 네트워크 테스트를 위해 각각의 리전에 EC2 인스턴스를 생성하게 됩니다. 실습 후 생성된 인스턴스를 삭제하면 프리티어(Free Tier) 범위 내에서 추가적인 비용이 발생하지 않을 것 입니다. 각 리전에 생성된 EC2 인스턴스는 실습 이후 삭제하기 바랍니다.

01 웹 브라우저를 열고 http://aws.amazon.com에 접속 후 본인의 AWS 계정으로 로그인합니다. 런던 리전에 VPC 구성을 구성하기 위해 오른쪽 상단의 [리전 선택] 항목에서 "EU(런던)" 리전을 클릭합니다.

02 [서비스] → [네트워킹 및 콘텐츠 전송] → [VPC]를 클릭하여 VPC로 이동합니다.

03 [VPC] 페이지에서 [VPC 만들기] 버튼을 눌러 [VPC 마법사 시작] 버튼을 클릭합니다.

04 [VPC 구성 선택] 페이지에서 "단일 퍼블릭 서브넷이 있는 VPC"를 선택 후 [선택] 버튼을 클릭합니다.

05 VPC 구성을 위해 다음과 같이 입력합니다.

IPv4 CIDR 블록 : 20.0.0.0/16
VPC 이름 : tutorial-VPC-London
퍼블릭 서브넷의 IPv4 CIDR : 20.0.0.0/24
가용 영역 : eu-west-2a
서브넷 이름 : Tutorial public London

06 피어링 구성을 위해 리전을 다시 "아시아 태평양(서울)"로 전환 후 VPC로 이동합니다.

07 [피어링 연결] 메뉴를 눌러 피어링 페이지로 이동 후 [피어링 연결 생성] 버튼을 클릭합니다.

08 [피어링 연결 생성] 페이지에서 다음과 같이 구성을 진행 후 [피어링 연결 생성] 버튼을 클릭합니다.

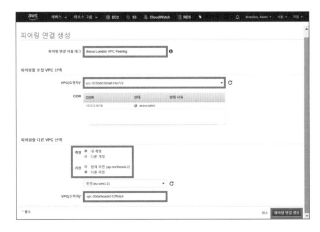

피어링 연결 이름 태그 : Seoul–London VPC Peering
피어링할 로컬 VPC 선택 – VPC(요청자) : tutorial–vpc
피어링할 다른 VPC 선택 – 계정 : 내 계정
피어링할 다른 VPC 선택 – 리전 : 다른 리전 – 런던(eu–west–2)
피어링할 다른 VPC 선택 – VPC(수락자) : 신규로 생성한 VPC ID

09 VPC 연결이 정상적으로 생성
되었습니다. 이후 피어링 연결 승인
을 위해 런던 리전으로 이동합니다.

10 런던 리전으로 이동 후 [피어링
연결] 버튼을 눌러 수락 대기 중인
피어링 연결 요청을 확인합니다.

11 [피어링 연결] 페이지에서 [작업]
의 [요청 수락]을 클릭합니다.

12 [VPC 피어링 연결 요청 수락]
페이지에서 [예, 수락] 버튼을 클
릭합니다. 이후 VPC간의 연결 후
Network 통신을 위해 양쪽 VPC간
에 라우팅 처리가 필요합니다. 이를
위해 기존 "라우팅 테이블"을 수정
해 주어야 합니다. 이를 위해 다음
의 작업을 수행합니다.

⑬ VPC 간 트래픽 통신을 수행하기 위해 [지금 내 라우팅 테이블 수정]을 클릭합니다.

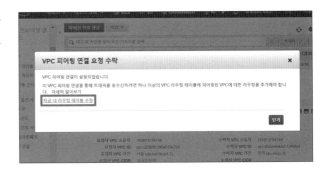

⑭ 런던 리전의 [라우팅 테이블] 페이지에서 바로 전에 생성된 라우팅 테이블을 다음과 같이 선택하고, "라우팅" 탭 클릭 후 [라우팅 편집] 버튼을 클릭합니다.

⑮ 라우팅 편집 페이지에서 [라우팅 추가] 버튼을 클릭하고 좌측의 "대상"에서 서울 리전의 VPC 대역인 "10.0.0.0/16" 입력 후 대상 항목에서 "Peering Connection"를 선택합니다. 현재 구성된 "VPC Peering 연결"을 선택 후 [라우팅 저장] 버튼을 클릭합니다.

⓰ 서울 리전의 [라우팅 테이블] 페이지에서 바로 전에 생성된 라우팅 테이블을 다음과 같이 선택하고, "라우팅" 탭 클릭 후 [라우팅 편집] 버튼을 클릭합니다.

⓱ 라우팅 편집 페이지에서 [라우팅 추가] 버튼 클릭 후 좌측의 "대상"에서 런던 리전의 VPC 대역인 "20.0.0.0/16" 입력 후 대상 항목에서 "Peering Connection"를 선택합니다. 현재 구성된 "VPC Peering 연결" 선택 후 [라우팅 저장] 버튼을 클릭합니다.

⓲ 다시 런던 리전의 EC2 생성 페이지로 이동 후 "Amazon Linux AMI 2018.03.0 (HVM)"를 선택하여 t3.micro(Free-Tier) 선택 후 인스턴스 세부 정보 구성 페이지에서 VPC 선택 시 이전에 생성했던 VPC를 선택합니다. "퍼블릭 IP 자동 할당"을 "활성화"로 선택 후 [검토 및 시작] 버튼을 클릭해 인스턴스를 생성합니다.

⑲ 런던 리전에서 인스턴스 생성 완료 후 세부 항목 페이지에서 등록된 "보안 그룹"을 확인하고 수정을 위해 "보안 그룹 링크"를 클릭합니다.

⑳ 보안 그룹 페이지 하단의 "인바운드 규칙" 탭에서 [인바운드 규칙 편집] 버튼을 클릭하여 인바운드 규칙 편집 페이지로 이동 후 [규칙 추가] 버튼을 클릭하여 "유형 : 모든 트래픽, 소스 : 10.0.0.0/16(서울 리전 VPC대역)" 등록 후 [규칙 저장] 버튼을 클릭합니다.

㉑ 서울 리전에도 런던 리전과 동일한 방식으로 신규로 생성한 VPC의 Public Subnet을 선택하여 EC2 인스턴스를 생성하고, 보안 그룹으로 이동 후 [규칙 추가] 버튼을 클릭하여 "유형 : 모든 트래픽, 소스 : 20.0.0.0/16(런던 리전 VPC대역)" 등록 후 [규칙 저장] 버튼을 클릭합니다.

㉒ Putty를 이용하여 서울 리전의 인스턴스에 접속 후 런던 리전에 생성된 인스턴스의 Private IP로 Ping 명령어를 실행하여, 정상적으로 통신이 가능함을 확인합니다.

㉓ Putty를 이용하여 런던 리전의 인스턴스에 접속 후 서울 리전에 생성된 인스턴스의 Private IP로 Ping 명령어를 실행하여, 정상적으로 통신이 가능함을 확인합니다.

8 〉 에필로그(Epilogue) : 클라우드 네트워크 요금에 대한 고찰(考察)

2013년 초 Amazon Web Services를 처음 접할 때 이미 클라우드 서비스에 대해 검토했던 개발자에게 들었던 말이 아직도 기억이 납니다. "서버를 가상화(Virtual Machine) 방식으로 생성해서 사용할 수 있고, 사용한 만큼만 돈을 지불하면 된다. 그리고 네트워크 비용에 대해 사용한 만큼 지불해야 한다" 서버는 사용한 만큼만 낸다니 상당히 합리적인 것 같은데, 네트워크 사용 요금을 사용한 만큼 지불한다는 것이 어떤 의미인지 처음에는 이해하기 어려웠습니다.

만일 회사에서 자체 IDC를 운영하거나, 호스팅 업체에서 서버를 운영한다면, IDC에서 Rack 또는 상면을 임대해서 사용하는 코로케이션(Co-Location) 서비스를 사용할 수 있습니다. 보통 Full Rack 기준 100~200만 원의 비용을 월 단위로 지불하게 되며, 사용료에는 네트워크 회선 사용료, 전기세, UPS, 항온 항습기 외 기타 내용을 모두 포함하고 있습니다.

이렇듯 기존 IDC 서비스에서도 이미 네트워크 비용은 별도로 지불되고 있습니다.

클라우드는 Pay-Per-Use Pricing(사용량 기반 과금) 방식으로 비용을 지불하기 때문에 네트워크를 사용한 만큼 비용을 지불하는 것은 당연한 일이라고 할 수 있습니다. 여러분이 On-Premise에서 사용하고 있는 서버를 클라우드로 이전 하길 원한다면 클라우드 사용 요금에 대한 예산을 산정해야 합니다.

보통 회사는 클라우드 파트너사를 통하거나, 직접 비용을 산정할 수도 있습니다. 이때 가장 주의해야 할 부분이 바로 네트워크 사용료에 대한 부분입니다. 일반적인 EC2의 경우 서버의 사양(CPU, RAM, Disk)에 따라 기존에 사용하던 서버를 기준으로 산정하게 됩니다.

하지만 네트워크 사용량에 대한 산정은 기존에 제공되던 서비스에 대해 세밀한 분석을 통해 확인하지 않으면 서버는 클라우드로 문제 없이 이전할 수는 있지만, 네트워크 사용량에 대해 사전에 정확하게 파악하지 않고 서비스를 오픈하게 되면 당신은 요금 폭탄을 받게 될 수도 있습니다.

요금 폭탄을 받지 않을 수 있는 방법은 다음과 같습니다.

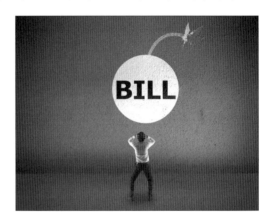

첫 번째, 기존 서비스에 대해 명확하게 파악하고 분석하고 측정해서 예산에 반영하라.

기존 서비스를 명확하게 확인하고, 해당 서비스의 네트워크 트래픽과 사용량에 대해 정확하게 분석하여 비용 시뮬레이션을 수행해 예산을 책정해야 합니다.

두 번째, 서비스의 용도에 따라 다양한 네트워크 서비스를 최대한 활용하라.

아마존 AWS는 CloudFront, VPC, VPC Gateway, DirectConnect 등 다양한 네트워크 서비스를 제공합니다. 또한 B2C 서비스와 같이 인터넷을 통한 많은 양의 네트워크 통신이 필요하다면 Amazon CDN(Contents Delivery Network)인 CloudFront를 활용하여 네트워크 비용을 절감할 수 있습니다.

세 번째, 경험있는 파트너와 함께 비용을 산정하고 서비스 모델을 리뷰하라.

Amazon Web Services의 대부분은 Self로 직접 구성하고 설정할 수 있게 되어 있습니다. 다만 간단한 서비스는 직접 구성하고 운영하는 것이 어렵지 않지만, 복잡하고 미션크리티컬한 서비스는 전문적인 지식을 보유한 파트너의 도움과 지원이 필수적으로 필요합니다.

이러한 아마존 파트너의 도움을 통해 여러분 회사의 서비스에 최적화된 클라우드 인프라 구성과 운영, 지원, 모니터링, 빌링(Billing) 대행을 지원함으로써 보다 안정적이며, 업무 효율성 높은 클라우드 서비스 이용이 가능합니다.

EC2 삭제

본 실습과 이전 실습에서 사용된 EC2는 더 이상 사용되지 않습니다. 서울 리전에 생성된 인스턴스와 런던 리전에 생성된 EC2 인스턴스를 모두 삭제하는 절차는 다음과 같습니다.

01 웹 브라우저를 열고 http://aws.amazon.com에 접속 후 본인의 AWS 계정으로 로그인합니다. 왼쪽 상단 메뉴의 [서비스] → [컴퓨팅] → [EC2]로 이동합니다. 메뉴의 [인스턴스]를 선택한 후 중지할 인스턴스를 클릭 후 [작업] → [인스턴스 상태] → [종료]를 클릭합니다.

02 확인 창에서 [예, 종료] 버튼을 클릭 후 인스턴스 상태가 "terminated"로 변경됨을 확인합니다.

03 런던 리전의 인스턴스 삭제를 위해 오른쪽 상단의 [리전] 항목을 선택 후 "EU(런던)"을 클릭합니다.

04 EU(런던)로 이동 후 [인스턴스] 항목에서 중지할 인스턴스를 선택 후 [작업] → [인스턴스 상태]의 [종료] 버튼을 클릭하여 인스턴스 종료 후 인스턴스 상태가 "terminated"로 변경됨을 확인합니다.

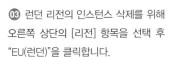
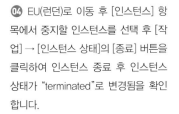

5장

확장 가능한
데이터베이스 서버
만들기

Amazon Relational Database Services

1 〉 데이터베이스(Database)

데이터베이스란, 여러 사람에 의해 공유되어 사용될 목적으로 통합하여 관리되는 데이터의 집합입니다. Database를 줄여서 DB라고 합니다. 특정 다수의 사용자들에게 필요한 정보를 제공하는 작업을 하거나, 조직 내에서 필요한 정보를 체계적으로 저장 및 보관하여 사용자들에게 제공하는 필요한 핵심 서비스입니다.

[그림 5-1] Database

예를 들어, 은행에서 거래를 하면 데이터를 관리하는 DBMS(Database Management System)를 통해 데이터에 접근해 입출금을 처리하고, 내 돈을 상대방에게 이체하게 됩니다. 이런 것뿐만 아니라, 스마트폰이나 PC, 노트북 등 대부분의 컴퓨터에 사용되는 프로그램, OS 등도 이러한 DB를 사용한다고 생각하면 됩니다. 가계부를 쓰거나 장부를 기입하는 것, 오늘 할 일을 목록으로 작성하는 것도 데이터베이스의 일종으로 볼 수 있습니다. 꼭 IT 분야에 한정해서 생각할 필요는 없습니다.

2 〉 RDBMS(Relational Database Management System)

관계형 데이터베이스란, 가장 많이 사용되고 있는 데이터베이스의 한 종류로 데이터 간 사전에 정의된 관계(Relational)가 있고, 연관 관계가 있는 데이터 항목들의 모음을 말합니다. 이러한 관계형 데이터베이스는 열과 행으로 이루어진 데이터 테이블(Table)로 이루어져 있으며, 데이터의 각 행은 기본키(Primary Key)라 부르는 고유의 식별자로 구분할 수 있고, 여러 테이블에 있는 행들은 외래키(Foreign Key)를 사용하여 상호 연결될 수 있습니다. 또한 그 데이터들은 데이

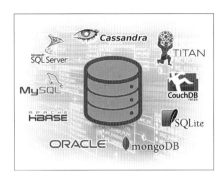

[그림 5-2] 대표적인 RDBMS 서비스
(출처 : Google)

터베이스 테이블을 재구성하지 않더라도 다양한 방법으로 접근하거나 조합될 수 있습니다. 사용자와 관계형 데이터베이스를 연결시켜주는 표준 검색 언어를 SQL이라고 하는데, SQL 문장은 관계형 데이터베이스에 있는 데이터를 직접 조회하거나 보고서를 추출하는 데 사용됩니다.

대표적인 관계형 데이터베이스 관리시스템(RDBMS)으로 Oracle 사의 Oracle과 MySQL, Microsoft SQL Server, PostgreSQL, MariaDB 등이 있습니다. Amazon Web Services는 RDS(Relational Database Services)라는 서비스를 통해 RDBMS 서비스를 제공하고 있으며, Oracle, MySQL, MSSQL, Amazon Aurora와 같은 다양한 RDBMS를 서비스 형태로 제공합니다.

3 〉 RDS(Relational Database Services)

Amazon RDS는 Relational Database Services의 약자로, 클라우드에서 관계형 데이터베이스를 더욱 간편하게 설정, 운영 및 확장할 수 있는 서비스입니다. 하드웨어 프로비저닝, 데이터베이스 설정, 패치 및 백업과 같은 시간 소모적인 관리 작업을 자동화하면서 비용 효율적이고 크기 조정 가능한 데이터베이스 서비스를 제공합니다.

IT 조직은 비즈니스를 위한 애플리케이션 개발에 집중하여 빠른 성능, 고가용성, 보안 및 호환성을 RDS를 통해 제공받을 수 있습니다.

[그림 5-3] Amazon RDS(Relational Database Services)

Amazon RDS는 여러 데이터베이스 인스턴스 유형(메모리, 성능 또는 I/O 최적화)으로 제공되며, Amazon Aurora, PostgreSQL, MySQL, MariaDB, Oracle, Microsoft SQL Server를 비롯하여 6개의 익숙한 데이터베이스 엔진 중에서 원하는 DBMS를 선택할 수 있습니다. 또한 AWS Database Migration Services를 사용하여 기존 데이터베이스를 Amazon RDS로 손쉽게 마이그레이션 또는 복제할 수 있습니다.

구분	내용
서비스명	Amazon RDS(Relational Database Services)
설명	주로 사용되는 6개의 데이터베이스 엔진 중에서 선택할 수 있는 아마존 관계형 데이터베이스 서비스
주요 특징	– 관리 용이성 : 인프라의 프로비저닝/DB 설치 및 유지 관리 불필요 – 뛰어난 확장성 : 서비스 중단 없이 서버 및 스토리지 확장 가능 – 가용성 및 내구성 : 안정성이 뛰어난 인프라 제공(멀티 AZ) – 빠른 속도 : SSD 지원 스토리지 옵션 및 고성능 OLTP에 최적화된 옵션과 비용 효율적 범용 사례에서 옵션 선택 가능 – 보안 : 데이터베이스와 네트워크에 대한 액세스를 손쉽게 제어
프리티어 (Free Tier)	– MySQL, PostgreSQL, MariaDB, Oracle BYOL, SQL Server 지원 – RDS 단일 AZ db.t2.micro 인스턴스를 750시간 무료 사용 – 가입 후 12개월 이후에 종료됨

4 > RDS의 주요 특징

4-1 **Amazon 클라우드 데이터베이스 서비스의 선택 사항**

AWS에서 데이터베이스 서비스를 사용하는 방법은 두 가지로 구분할 수 있습니다.

[그림 5-4] Database 서비스 선택 사항

첫 번째, 직접 EC2에 데이터베이스를 설치하여 이용하는 것입니다.

본인이 사용하기 원하는 Database를 EC2 인스턴스에 직접 설치하여 운영하는 방법으로 기존 On-Premise에서 사용하던 데이터베이스를 그대로 사용할 수 있고 가장 이질감 없이 사용할 수 있는 방법입니다. 다만 데이터베이스 제공 밴더사에 따라서는 클라우드용 라이선스를 운영하는 경우가 있으므로, EC2에 설치 운영 전에 미리 파트너사를 통해 기존 라이선스를 사용할 수 있는지 여부를 확인해야 합니다.

두 번째, AWS에서 직접 제공해주는 데이터베이스 서비스를 이용하는 것입니다.

AWS는 관계형 데이터베이스 서비스인 Amazon RDS, NoSQL 기반의 중단 없는 확장성을 제공하는 Amazon DynamoDB, 대용량 병렬 페타바이트급 데이터웨어(DataWare) 서비스를 제공할 수 있는 Amazon Redshift와 같은 다양한 데이터베이스 서비스를 제공하고 있습니다. 이러한 서비스의 특징은 데이터베이스의 설치 및 운영/관리를 Amazon에서 직접 제공하므로 별도의 운영/관리가 필요 없으며, 서비스의 용도 및 사용량에 따라 원하는 형태의 리소스를 선택할 수 있습니다. Amazon RDS의 경우 라이선스가 포함된 서비스, BYOL 라이선스용 서비스와 같이 기존 라이선스를 사용할 수 있는 서비스도 제공합니다.

[그림 5-5] Database 유형과 서비스 범위

Amazon RDS와 같은 Amazon의 관리형 데이터베이스 서비스를 사용함으로써, IT 조직은 IT 인프라 구축과 운영에 필요한 시간과 비용을 줄이고, 핵심 비즈니스 발굴과 개발에 시간과 노력을 집중할 수 있습니다.

4-2 Amazon RDS의 주요 특징

[그림 5-6] Amazon RDS에서 지원 가능한 RDBMS

Amazon RDS는 뛰어난 확장성, 빠르게 확장 가능한 가용성과 높은 보안성을 제공합니다. 이러한 RDS의 주요 특징은 다음과 같습니다.

첫 번째, 유연한 인스턴스 및 스토리지 확장입니다.

RDS는 다양한 CPU/메모리 옵션을 제공합니다. 또한 Cloudwatch와 연계를 통해 트래픽에 따른 증설 및 사양의 축소가 가능합니다. DB의 데이터 저장 공간인 스토리지는 필요에 따라 유연하게 확장 가능합니다. 일반적인 워크로드의 경우 General Purpose(SSD)를 사용하며, 빠른 속도와 대용량의 처리가 필요한 경우 Provisioned IOPS(SSD)를 사용하여 최대 30,000 IOPS까지 I/O 성능을 조정하여 서비스를 할 수 있습니다. 접속이 빈번하지 않은 작은 워크로드의 경우 Magnetic을 사용하여 저렴한 비용으로 서비스가 가능합니다.

두 번째, 손쉽게 사용 가능한 백업 및 복원 기능입니다.

RDS는 자동 백업 설정을 통해 손쉽게 백업이 가능하며, 특정 시점으로 손쉽게 복구할 수 있는 기능을 제공합니다. 데이터베이스는 최대 35일까지 데이터를 보존할 수 있으며, 이렇게 백업된 스냅샷(Sanpshot)을 통해 Database를 생성할 수도 있습니다.

세 번째, 멀티 AZ(Availability Zone)를 통한 고가용성 확보입니다.

가용 영역(Availability Zone)은 상호 간 물리적으로 분리된 독립적인 인프라를 제공합니다. RDS는 멀티 AZ 기능을 활용하여 Region 내 AZ 간 데이터베이스 동기화(Synchronization) 구성이 가능하며, 주요 장애 상황 발생 시 자동으로 데이터베이스 Failover를 수행할 수 있도록 고가용성을 지원합니다. 또한 리플리케이션을 통한 가용성을 지원할 수 있습니다. MySQL은 읽기 트래픽을 자동 관리하는 Read Replica로 분산 서비스를 제공할 수 있습니다. 이를 통해 워크로드로 발생되는 읽기 서비스(Database Select)에 대한 부하를 분산처리 할 수 있습니다. 데이터베이스의 장애 발생 시 빠른 장애 복구가 가능하며, 리전 간 데이터 이전이 손쉽게 가능합니다.

네 번째, RDS 암호화(Encryption) 옵션을 통한 보안성 강화입니다.

모든 RDS는 옵션을 통한 One-Click을 통해 데이터에 대한 암호화 기능을 제공하며, 이는 데이터 백업, 스냅샷(Snapshot), Read Replica에도 적용됩니다. KMS를 통해 사용자가 생성하고 관리하는 키(Key) 사용이 가능합니다. 다만 RDS DB 생성 시 암호화 Enable 이후 암호화 Disable은 불가능하며, 암호화 DB에서만 암호화 Read Replica를 생성할 수 있습니다. 암호화되지 않은 백업을 암호화된 DB로의 데이터 복구는 불가능합니다.

다섯 번째, Database Migration 서비스입니다.

RDS는 AWS Database Migration Services를 통해 동종 혹은 다른 DB 엔진으로부터 RDS로 데이터에 대한 Migration을 지원합니다. 또한 EC2 또는 RDS 간의 데이터 리플리케이션을 통해 원하는 시점에 비용 효율적인 데이터베이스에 대한 데이터 이전을 지원합니다.

5 〉 실습 : MySQL용 DB 인스턴스 생성, 클라이언트를 통한 DB 연결 및 삭제하기

Amazon RDS(Relational Database Services)를 실행하기 위한 Network 환경을 구성합니다. 그리고 RDS를 생성하고, 데이터베이스를 연결하고, DB 인스턴스를 삭제하는 방법을 배웁니다. RDS는 단일 AZ의 MySQL − db.t2.micro 인스턴스에 대해 월 750시간까지 프리티어(Free Tier)를 지원합니다. 여기서는 RDS의 프리티어를 이용하여 실습을 진행합니다.

5-1 ▶ MySQL DB 인스턴스 만들기

01 웹 브라우저를 열고 http://aws.amazon.com에 접속 후 본인의 AWS 계정으로 로그인합니다. 왼쪽 상단 메뉴의 [서비스] → [데이터베이스] → [RDS]로 이동합니다.

02 RDS 페이지 접속 후 왼쪽 [데이터베이스] 메뉴를 클릭합니다.

03 화면에서 [데이터베이스 생성] 버튼을 클릭합니다.

04 [데이터 베이스 생성 방식] 선택 항목에서 [표준 생성]을 선택하고 하단의 [엔진 옵션]에서 "MySQL"을 선택 후 하단의 옵션 선택 항목으로 이동합니다.

05 [템플릿] 선택 항목에서 [프리 티어] 선택 후 하단의 옵션 선택 항 목으로 이동합니다.

06 [설정] 항목에서 "DB 인스턴스 식별자", "마스터 사용자 이름", "비 밀번호"를 입력 후 하단의 옵션 항 목으로 이동합니다.

07 [DB 인스턴스 크기] 항목에서 "DB 인스턴스 클래스"의 "버스터블 클래스(t클래스 포함) 선택 후 "db. t2.micro"를 선택합니다.

08 [데이터베이스 생성] 페이지에서 추가 옵션을 구성하기 위해 다음 항목에 대해 구성 작업을 수행합니다.

▒ 스토리지, 가용성 및 내구성

[스토리지] 항목에서 기본으로 입력된 스토리지 사이즈 및 옵션을 확인합니다. 또한 [가용성 및 내구성] 항목에서 "대기 인스턴스를 생성하지 마십시오"를 선택합니다.

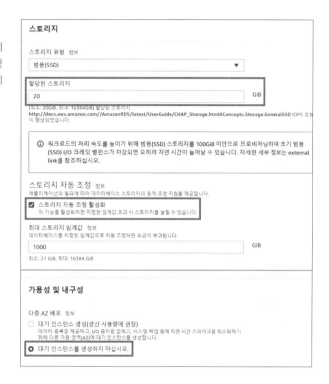

▨ 연결

Virtual Private Cloud(VPC) : "Default VPC"
를 선택합니다.
서브넷 그룹 : "기본값"을 선택합니다.
퍼블릭 액세스 가능성 : "예"를 선택합니다. 이
렇게 하면 데이터베이스 인스턴스에 IP 주소가
할당되므로 사용자 디바이스에서 데이터베이스
를 직접 연결할 수 있습니다.
VPC 보안 그룹 : "새로운 VPC 보안 그룹 만들
기"를 선택 후 아래 새 VPC 보안 그룹 이름을
New-RDS-SG 입력합니다.
가용 영역 : "기본 설정 없음"을 선택합니다.
데이터베이스 포트 : "3306"을 입력합니다.

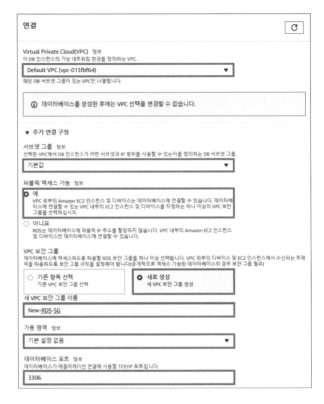

▨ 데이터베이스 인증 및 추가 구성

[데이터베이스 인증] 항목에서 "암호 인증" 항목
을 선택합니다. 이후 필요 시 추가 구성 항목에
서 수정이 필요한 항목을 수정 후 [데이터베이
스 생성] 버튼을 클릭합니다.

09 5~10분 후 [데이터베이스] 메뉴를 눌러 신규 생성한 RDS 인스턴스를 클릭하면 다음과 같이 생성 완료된 인스턴스를 확인할 수 있습니다.

5-2 ▶ SQL 클라이언트 다운로드 및 DB 연결하기

데이터베이스 인스턴스 생성이 완료되고 상태가 "사용 가능"으로 변경되면 원하는 표준 SQL 클라이언트를 사용하여 DB 인스턴스의 데이터베이스에 연결할 수 있습니다. 이 단계에서는 널리 사용되는 SQL 클라이언트인 MySQL Workbench를 다운로드합니다.

01 MySQL Workbench를 다운로드 받기 위해 https://dev.mysql.com/downloads/workbench 페이지로 이동합니다. 본인 PC의 플랫폼과 사양에 맞는 프로그램을 선택 후 [Download] 버튼을 클릭합니다.

02 [로그인] 페이지에서 하단의 "No thanks, just start my download" 를 클릭합니다.

03 PC로 다운받은 프로그램 설치 작업을 수행합니다.

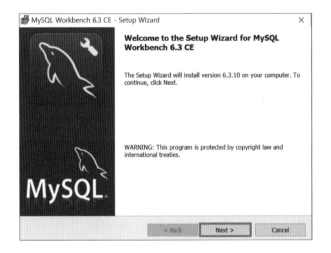

04 설치 완료된 프로그램을 실행 후 [MySQL Connections] 버튼을 클릭합니다.

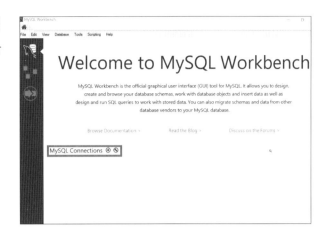

05 [Setup New Connection] 페이지에서 RDS 연결을 위한 IP 확인을 위해 [AWS RDS] 페이지로 이동합니다.

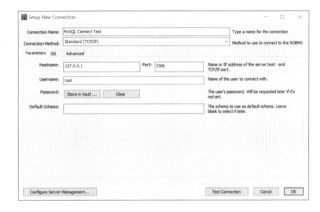

06 [AWS Console의 RDS] 페이지에서 RDS 연결을 위한 "엔드포인트"를 확인합니다.

07 MySQL Workbench Connection 화면에서 [Hostname] 항목에 RDS 엔드포인트의 정보를 입력 후 [Username]에 RDS 생성 시 사용한 마스터 계정 정보와 비밀번호 입력 후 [Test Connection] 버튼을 눌러 연결 테스트를 수행합니다.

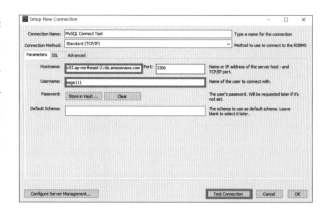

08 연결 테스트가 정상적으로 완료되었다면 [OK] 버튼을 눌러 연결 정보를 저장합니다.

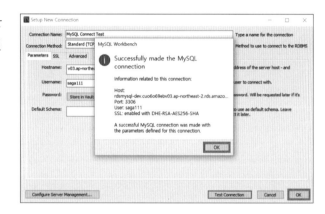

09 생성된 연결 정보를 클릭해 DB 인스턴스에 접속합니다. 데이터베이스에 연결되었습니다. MySQL Workbench에서는 데이터베이스에서 사용할 수 있는 다양한 스키마 객체가 제공됩니다. 이제 테이블 생성을 시작하고, 데이터를 삽입하고, 쿼리를 실행할 수 있습니다.

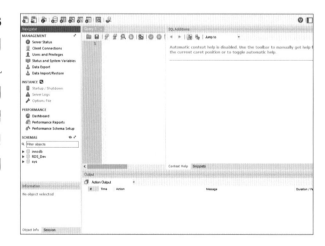

DB 인스턴스 삭제

Amazon RDS 콘솔에서 손쉽게 MySQL DB 인스턴스를 삭제할 수 있습니다.

① [데이터베이스] 페이지에서 [작업] → [삭제]를 클릭합니다.

② 삭제 확인 페이지에서 "최종 스냅샷 생성 여부"의 체크를 해지하고 "인스턴스 삭제 시 시스템 스냅샷 및 특정 시점으로 복구를 포함한 자동화된 백업을 더 이상 사용할 수 없다는 점을 인정합니다." 체크 후 아래 항목에 "delete me"를 입력하고 [삭제] 버튼을 클릭합니다.

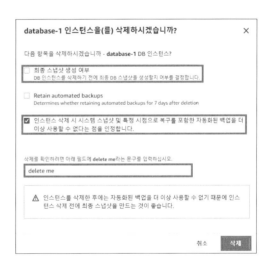

03 데이터베이스의 상태가 "삭제 중"으로 변경되고 삭제 작업이 진행됩니다. 데이터베이스를 삭제하는 데 몇 분 정도 걸릴 수 있습니다.

6 〉 실습 : 웹 서버에서 실행되는 PHP 애플리케이션에 MySQL 데이터 베이스 연결하기

PHP가 있는 Apache 웹 서버를 설치하고, RDS로 생성된 MySQL 데이터베이스를 이용하여 PHP 애플리케이션에서 MySQL에 저장된 데이터를 서비스할 수 있도록 구성할 예정입니다. 웹 서버는 2장에서 생성한 Amazon EC2로 생성된 Linux 서버를 사용하고, 4장에서 생성된 VPC를 사용할 것이며, DB 서버는 실습을 위해 신규로 생성하겠습니다. 본 실습은 모두 프리티어(Free Tier)를 이용하여 진행합니다.

6-1 RDS 네트워크 및 보안 설정

01 RDS DB 인스턴스를 VPC에서 사용하기 위한 RDS DB 서브넷 그룹을 생성하기 위해서 [서비스] → [네트워킹 및 콘텐츠 전송] → [VPC]로 이동합니다. 프라이빗 서브넷(Private Subnet)을 추가하기 위해 [서브넷] 메뉴 페이지에서 [서브넷 생성] 버튼을 클릭합니다.

02 [서브넷 생성]에 다음과 같이 입력 후 [생성] 버튼을 클릭합니다.

Name 태그 : Tutorial private 2
VPC* : vpc-025bdb380a619e7c9 | Tutorial
-VPC(이전에 생성한 VPC)
가용 영역 : ap-northeast-2c(이전에 선택한
가용 영역과 다른 가용 영역)
IPv4 CIDR 블록* : 10.0.2.0/24

03 보안 그룹 설정을 위해 [서비스] → [EC2] → [보안 그룹] → [보안 그룹 생성] 버튼을 클릭합니다.

04 [보안 그룹 생성] 페이지에서 다음의 정보를 참조하여 "기본 세부정보"를 입력하고, 규칙 추가를 통해 "SSH, 내 IP", "HTTP, 0.0.0.0/0"으로 인바운드 규칙을 추가하고 [보안 그룹 생성] 버튼을 클릭합니다.

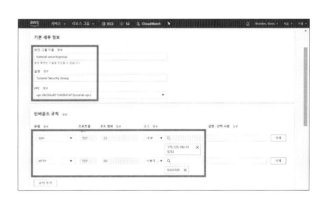

보안 그룹 이름 : tutorial-securitygroup
설명 : Tutorial Security Group
VPC : vpc-025bdb380a619e7c9 | tutorial-VPC(이전에 생성한 VPC)

05 RDS용 보안 그룹 생성을 위해 [보안 그룹 생성] 버튼을 클릭 후 다음의 정보를 참조하여 입력합니다. 인바운드 규칙에서 "MYSQL/Aurora" 선택 후 소스로 바로 "이전에 생성한 보안 그룹 ID"를 확인 후 추가하여 규칙을 생성합니다.

보안 그룹 이름 : tutorial-db-securitygroup
설명 : tutorial-db-securitygroup
VPC : vpc-025bdb380a619e7c9 | tutorial-VPC(이전에 생성한 VPC)

06 RDS 서브넷 그룹 생성을 위해 [서비스] → [데이터베이스] → [RDS] → [서브넷 그룹] → [DB 서브넷 그룹 생성] 버튼을 클릭합니다.

07 [DB 서브넷 그룹 생성] 페이지에서 다음과 같이 정보를 입력합니다.

이름 : tutorial-db-subnet-group
설명 : tutorial-db-subnet-group
VPC : vpc-025bdb380a619e7c9 | tutorial-VPC(이전에 생성한 VPC)

08 [서브넷 추가] 항목에서 "가용 영역"에서 사용 가능한 가용 영역을 모두 선택하고, "서브넷"에서 사용 가능한 서브넷을 모두 선택 후 [생성] 버튼을 클릭합니다.

6-2 ▶ RDS DB 인스턴스 생성하기

01 [RDS] → [데이터베이스] → [데이터베이스 생성] 버튼을 눌러 다음 페이지로 이동합니다.

02 [데이터베이스 생성 방식 선택] 항목에서 "표준 생성"을 선택하고 [엔진 옵션] 항목에서 "MySQL"을 선택합니다. 버전 정보에서 "MySQL 5.7.30"을 선택하고 [템플릿] 항목에서 "프리 티어"를 선택합니다.

03 [DB 세부 정보 지정] 페이지 [설정] 항목에서 DB 인스턴스 식별자와 DB용 마스터 ID와 암호를 입력 후 하단의 다음 항목으로 이동합니다.

DB 인스턴스 식별자 : tutorial-db-Instance
마스터 사용자 이름 : tutorial_user
마스터 암호 : 비밀번호

04 [연결] 항목에서 VPC는 이전에 구성한 "Tutorial-VPC"를 선택하고 [추가 연결 구성]을 클릭하고 "VPC 보안 그룹"은 "기존 항목 선택"을 누른 후 "기존 VPC 보안 그룹" 선택 창에서 "tutorial-db-securitygroup"을 선택합니다.

05 [추가 구성] 항목을 클릭한 후에 "데이터베이스 옵션"에서 초기 데이터베이스 이름을 "sample"로 입력 후 데이터베이스 생성을 위해 페이지 하단의 [데이터베이스 생성] 버튼을 눌러 데이터베이스를 생성합니다.

❻ 5~10분 후 [데이터베이스] → [데이터베이스]로 이동 후 엔드포인트 및 포트 항목에서 "엔드포인트"를 확인합니다.

6-3 ▶ PHP가 포함된 Apache 웹 서버 설치

❶ 웹 브라우저를 열고 http://aws.amazon.com에 접속 후 본인의 AWS 계정으로 로그인합니다. 왼쪽 상단 메뉴의 [서비스] → [컴퓨팅] → [EC2] → [인스턴스 시작] 버튼을 클릭하여 다음 페이지에서 Amazon Linux AMI2018.03.0(HVM) SSD Volume Type의 [선택] 버튼을 클릭합니다.

❷ 다음 페이지에서 "t2.micro"를 선택 후 [다음: 인스턴스 세부 정보 구성] 버튼을 클릭합니다.

03 [인스턴스 세부 정보 구성] 페이지 [네트워크] 항목에서 "tutorial -vpc"를 선택하고 [서브넷]은 "tutorial public", [퍼블릭 IP자동 할당]은 "활성화"를 선택 후 [검토 및 시작] 버튼을 클릭합니다.

04 [인스턴스 시작 검토] 페이지에서 [시작] 버튼을 누르고 [키 페어 선택] 페이지에서 "기존 키 페어 선택"을 누른 후 하단 체크박스 선택 후 [인스턴스 시작] 버튼을 누릅니다.

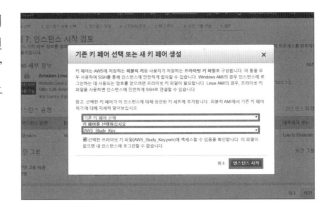

05 인스턴스 생성 완료 후 마우스 오른쪽 버튼 클릭 후 [네트워크] → [보안 그룹 변경]을 클릭합니다.

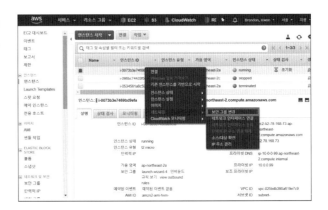

06 보안 그룹 중 "tutorial-securitygroup"를 추가 선택 후 [보안 그룹 할당] 버튼을 클릭합니다.

07 PuTTy를 실행 후 EC2의 IP를 입력하여 접속 후 "login as: ec2-user"를 입력하여 로그인합니다.

08 최신 버그 수정 및 보안 업데이트를 얻으려면 다음 명령을 사용하여 EC2 인스턴스의 소프트웨어를 업데이트합니다.

```
[ec2-user ~]$sudo yum
update -y
```

09 업데이트 완료 후 "yum install" 명령을 사용하여 PHP 소프트웨어 패키지가 포함된 Apache 웹 서버를 설치합니다. 이 명령은 여러 소프트웨어 패키지와 관련 종속 프로그램을 동시에 설치합니다.

```
[ec2-user ~]$sudo yum
install -y httpd24 php56
php56-mysqlnd
```

10 다음 명령을 사용하여 웹 서버를 시작합니다.

```
[ec2-user ~]$sudo
service httpd start
```

11 [인스턴스 접속] 페이지로 이동 후 [퍼블릭 DNS(IPv4)] 항목의 DNS 정보를 복사 후 웹 사이트 접속 여부를 확인합니다.

⑫ 웹 브라우저에서 EC2의 Apache 웹 서버가 정상적으로 설정되면 다음과 같이 [Test Page]가 출력됩니다.

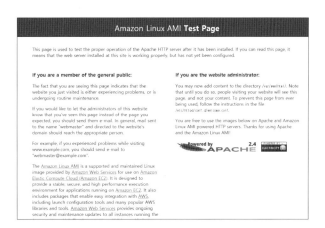

⑬ SSH Console로 이동 후 다음과 같이 "chkconfig" 명령을 사용하여 서버 부팅 시 웹 서버가 자동으로 시작될 수 있도록 설정합니다.

```
[ec2-user ~]$sudo chkconfig httpd on
```

⑭ 지금 로그인 중인 ec2-user로 웹 서버의 기본 루트 페이지 파일을 수정 변경 가능하도록 설정하기 위해 /var/www 디렉터리의 소유권 및 권한을 변경해야 합니다. 다음의 명령을 사용해서 www라는 그룹을 추가하고 /var/www에 대한 소유권과 권한을 부여합니다. 이후 EC2를 SSH console로 다시 접속합니다.

```
[ec2-user ~]$sudo groupadd www
[ec2-user ~]$sudo usermod -a -G www ec2-user
[ec2-user ~]$exit
```

⑮ EC2에 재접속 후 다음 명령어를 입력하여 ec2-user가 group에 추가되었는지 확인합니다.

```
[ec2-user ~]$groups
```

⑯ /var/www 디렉터리 및 해당 콘텐츠의 그룹 소유권을 www 그룹으로 변경합니다.

```
[ec2-user ~]$sudo chown -R root:www /var/www
```

⑰ /var/www 및 그 하위 디렉터리의 권한을 변경해서 그룹 쓰기 권한을 추가하고, 나중에 생성될 하위 디렉터리에서 그룹 ID를 설정합니다.

```
[ec2-user ~]$sudo chmod 2775 /var/www
[ec2-user ~]$find /var/www -type d -exec sudo chmod 2775 {} +
```

⑱ /var/www 및 하위 디렉터리의 파일 권한을 계속 변경해서 그룹 쓰기 권한을 추가합니다.

```
[ec2-user ~]$find /var/
www -type f -exec sudo
chmod 0664 {} +
```

6-4   RDS DB 인스턴스에 Apache 웹 서버 연결

Amazon RDS DB 인스턴스에 연결되는 Apache 웹 서버에 콘텐츠를 추가합니다.

❶ EC2 인스턴스에 계속 연결되어 있을 때 디렉터리를 /var/www로 변경하고 inc라는 새로운 하위 디렉터리를 생성합니다.

```
[ec2-user ~]$cd /var/www
[ec2-user ~]$mkdir inc
[ec2-user ~]$cd inc
```

02 dbinfo.inc라는 inc 디렉터리에서 새 파일을 생성한 다음 nano 또는 선택한 편집기를 호출하여 파일을 편집합니다.

```
[ec2-user ~]$>dbinfo.inc
[ec2-user ~]$nano dbinfo.
inc
```

03 다음의 콘텐츠를 dbinfo.inc 파일에 추가합니다. 이때, endpoint는 RDS MySQL DB 인스턴스의 엔드포인트(포트 없음)이며, master password는 RDS MySQL DB 인스턴스의 마스터 암호입니다.

```php
<?php
define('DB_SERVER', 'rdsmysql-dev.cuo6o69ebv03.ap-northeast-2.rds.
amazonaws.com');
define('DB_USERNAME', 'tutorial_user');
define('DB_PASSWORD', 'Master비밀번호);
define('DB_DATABASE', 'sample');

?>
```

본인의 MySQL 접속 정보를 추가하여 입력 후 [Ctrl]+[X] 후 [Y]를 눌러 정보를 저장합니다.

04 디렉터리를 /var/www/html로 변경합니다.

```
[ec2-user ~]$cd /var/www/html
```

05 SamplePage.php라는 html 디렉터리에서 새 파일을 생성한 다음 nano 또는 선택한 편집기를 호출하여 파일을 편집합니다.

```
[ec2-user ~]$>SamplePage.php
[ec2-user ~]$nano SamplePage.php
```

06 다음의 콘텐츠를 SamplePage.php 파일에 추가합니다.

```php
<?php include "../inc/dbinfo.inc"; ?>
<html>
<body>
<h1>Sample page</h1>
<?php

 /* Connect to MySQL and select the database. */
 $connection = mysqli_connect(DB_SERVER, DB_USERNAME, DB_PASSWORD);

 if(mysqli_connect_errno()) echo "Failed to connect to MySQL: " .
mysqli_connect_error();

 $database = mysqli_select_db($connection, DB_DATABASE);

 /* Ensure that the Employees table exists. */
 VerifyEmployeesTable($connection, DB_DATABASE);

 /* If input fields are populated, add a row to the Employees table.
*/
 $employee_name = htmlentities($_POST['Name']);
 $employee_address = htmlentities($_POST['Address']);

 if(strlen($employee_name) || strlen($employee_address)) {
  AddEmployee($connection, $employee_name, $employee_address);
 }
?>
```

```
<!-- Input form -->
<form action="<?PHP echo $_SERVER['SCRIPT_NAME'] ?>" method="POST">
 <table border="0">
  <tr>
   <td>Name</td>
   <td>Address</td>
  </tr>
  <tr>
   <td>
    <input type="text" name="Name" maxlength="45" size="30" />
   </td>
   <td>
    <input type="text" name="Address" maxlength="90" size="60" />
   </td>
   <td>
    <input type="submit" value="Add Data" />
   </td>
  </tr>
 </table>
</form>

<!-- Display table data. -->
<table border="1" cellpadding="2" cellspacing="2">
 <tr>
  <td>ID</td>
  <td>Name</td>
  <td>Address</td>
 </tr>

<?php

$result = mysqli_query($connection, "SELECT * FROM Employees");

while($query_data = mysqli_fetch_row($result)) {
 echo "<tr>";
 echo "<td>",$query_data[0], "</td>",
      "<td>",$query_data[1], "</td>",
      "<td>",$query_data[2], "</td>";
 echo "</tr>";
```

```php
}
?>

</table>

<!-- Clean up. -->
<?php

 mysqli_free_result($result);
 mysqli_close($connection);

?>

</body>
</html>


<?php

/* Add an employee to the table. */
function AddEmployee($connection, $name, $address) {
  $n = mysqli_real_escape_string($connection, $name);
  $a = mysqli_real_escape_string($connection, $address);

  $query = "INSERT INTO `Employees`(`Name`, `Address`) VALUES('$n',
'$a');";

  if(!mysqli_query($connection, $query)) echo("<p>Error adding
employee data.</p>");
}

/* Check whether the table exists and, if not, create it. */
function VerifyEmployeesTable($connection, $dbName) {
 if(!TableExists("Employees", $connection, $dbName))
 {
    $query = "CREATE TABLE `Employees`(
      `ID` int(11) NOT NULL AUTO_INCREMENT,
      `Name` varchar(45) DEFAULT NULL,
      `Address` varchar(90) DEFAULT NULL,
      PRIMARY KEY(`ID`),
```

```php
    UNIQUE KEY `ID_UNIQUE`(`ID`)
  ) ENGINE=InnoDB AUTO_INCREMENT=1 DEFAULT CHARSET=latin1";

  if(!mysqli_query($connection, $query)) echo("<p>Error creating
table.</p>");
 }
}

/* Check for the existence of a table. */
function TableExists($tableName, $connection, $dbName) {
 $t = mysqli_real_escape_string($connection, $tableName);
 $d = mysqli_real_escape_string($connection, $dbName);

 $checktable = mysqli_query($connection,
   "SELECT TABLE_NAME FROM information_schema.TABLES WHERE TABLE_NAME
= '$t' AND TABLE_SCHEMA = '$d'");

 if(mysqli_num_rows($checktable) > 0) return true;

 return false;
}
?>
```

정보 입력 후 Ctrl+X 후 Y를 눌
러 정보를 저장합니다.

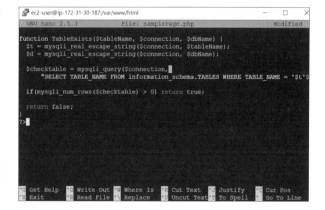

본 소스는 "https://github.com/saga111/AWS
DiscoveryBook"와 "http://blog.naver.com/
saga111/221421700438"에서 다운받을 수 있습니다.

07 웹 서버를 열고 http://EC2 instance endpoint/SamplePage. php(예: http://ec2-13-209-3-180. ap-northeast-2.compute.amazonaws. com/samplePage.php)에 접속하여 SamplePage에서 이름과 주소를 등록하고 조회하는 기능이 정상 동작하는지 여부를 확인합니다.

7 > 에필로그(Epilogue) : 대통령 선거와 데이터베이스

2002년은 개인적으로 잊지 못할 경험을 한 해였습니다. 2002년 5월에는 한일 월드컵으로 나라를 뜨겁게 했고, 12월에는 제16대 대통령 선거를 통해 노무현 대통령이 참여 정부를 이끄는 새로운 대통령으로 당선되었습니다.

[그림 5-7] World first internet president logs on
(출처 : The Guardian)

2003년 2월 24일 영국 신문 《가디언》은 한국의 대선 결과를 분석하여 '세계 최초의 인터넷 대통령, 로그온하다(World first internet president logs on)'라는 제목으로 기사를 실었습니다. 가디언지는 기사를 통해 '노무현 대통령의 취임으로 (한국은)지구상에서 가장 발전된 온라인 민주주의 국가임을 주장할 수 있게 됐다'고 진단했습니다.

당시 필자는 노무현 대통령 후보의 공식 웹 사이트인 노하우(http://www.knowhow.or.kr)의 개발과 시스템 운영을 담당하였습니다.

[그림 5-8] 16대 대통령 당선자 노무현 대통령 공식 웹 사이트 노하우(출처 : 대통령 기록관)

대선 기간 중 홈페이지의 일일 평균 접속은 30만 클릭에 달했습니다. 당시 모바일이나 SNS가 활성화되기 전이었음을 감안하면 어마어마한 수치였으며, 국내 전체 웹 사이트 접속 수치 중 상위 50위 안에 들어갈 정도로 많은 관심을 받았습니다.

선거 초기에는 웹 사이트의 접속자가 많지 않았으나, 2002년 10월 17일 김민석 전 의원이 국민통합21 입당 및 지지를 철회하자, 한 직장인이 "저녁 술값 3만 원을 노무현 대통령 후보에게 후원하겠다"는 글을 올렸고, 이 글은 '희망돼지 보내기 운동'의 단초가 되었습니다.

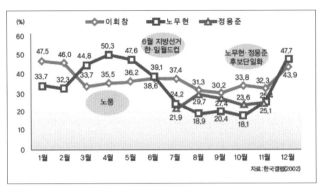

[그림 5-9] 2002년 16대 대선 시기 지지율 변동
(출처 : EAI동아시아 연구원)

이 일을 계기로 많은 네티즌이 온라인 시스템으로 후원을 하게 되었고, 이런 성원과 관심이 끊임 없이 이어지면서 지지율 상승의 계기가 되었습니다. 2002년 12월 18일 노무현 후보 - 48.9% : 이회창 후보 - 46.6%로 노무현 후보가 16대 대통령으로 당선되었습니다.

당시 공식 웹 사이트와 TV 방송국(tvroh.com) 및 라디오 방송국(radioroh.com) 서비스는 윈도우 기반의 웹 서버와 MS-SQL 2000 데이터베이스로 운영하였습니다. 서비스 초기에는 사용자가 많지 않아서 서비스에 큰 문제가 없었으나, 선거 후반부에 접어 들어선 회원 게시판에 사용자들의 접속이 폭주하면서 DB 서버의 CPU 부하가 높아지고 웹 서비스의 속도 저하 문제가 발생되었습니다. 당시만해도 가상화 서비스나 클라우드 서비스가 없었고, 데이터베이스 또한 부하 분산 기술과 클러스터링(Clustering) 기능을 제공하지 않았습니다.

결국 여러 수소문 끝에 보다 높은 사양의 H/W를 마련할 수 있게 되었고, 프로그램 방식의 개선을 통해 웹 사이트의 부하 문제를 해결할 수 있었습니다. 요즘과 같이 클라우드 서비스가 활성화되어 있는 시기였다면, 망설이지 않고 클라우드 서비스를 통해 데이터베이스의 문제를 해결했을 것이라 생각합니다.

최초의 인터넷 대통령으로 평가받았던 노무현 대통령과 미국 최초의 인터넷 대통령이란 평가를 받고 있는 버락 오바마(Barack Obama)는 그런 면에서 많은 부분 닮아 있습니다. 버락 오바마는 클라우드를 선거에 활용하여 성공한 첫 번째 사례로 평가받고 있습니다. 2012년 미국 대선 당시 오바마 캠프가 자체적으로 구축한 200개 이상의 애플리케이션이 아마존의 클라우드 플랫폼 위에서 구동했던 것에 반해, 롬니 캠프는 대형 IT 업체의 복잡한 서비스를 이용한 것으로 전해졌습니다.

[그림 5-10] Obama's Case study : Big Data in politics
(출처 : www.bigdatanomics.org)

가장 대표적인 것이 아마존의 관계형 데이터베이스 서비스인 RDS로, 오바마 캠프는 유권자 파일 정보에 대한 빅데이터 분석을 위해 RDS를 활용하였으며, EC2 인스턴스에서 구동되는 분석 툴은 정치헌금 기부 명단, 각종 면허, 신용카드 정보, 소셜 네트워크 서비스(SNS) 등 다양한 빅데이터의 분석을 통해 유권자 성향을 파악해 개인별 맞춤형 선거 운동을 전개했습니다.

또한 선거 캠프 통화 툴은 선거운동 기간 마지막 4일 동안에만 200만 통화를 걸 수 있도록 7,000명의 동시 사용자를 지원했다고 했으며, 선거 후 '오바마 캠프는 수천 만 달러의 IT 투자 없이 AWS를 사용했다'고 평가받았습니다. 이처럼 대통령 선거와 데이터베이스는 매우 깊은 연관 관계가 있습니다.

2002년 겨울에도 클라우드를 사용할 수 있었다면 훨씬 더 쉽게 문제를 해결할 수 있지 않았을까 하는 생각이 듭니다. 마지막으로 '참여'와 '변화'를 강조했던 노무현 전 대통령과 오바마 전 대통령, 이렇게 두 사람의 지도자에게 붙여진 '인터넷 대통령'이란 호칭은 그들에게 꼭 맞는 호칭이며 그 속에는 국민 참여와 변화의 열망과 열정이 담겨 있다고 생각합니다.

EC2 중지

본 실습에서 생성된 EC2를 이후 6장, 7장에서 사용하게 되므로 Linux 서버를 삭제하지 않고, 중지하여 EC2의 사용 비용을 발생하지 않도록 하겠습니다. 절차는 다음과 같습니다.

01 웹 브라우저를 열고 http://aws.amazon.com에 접속 후 본인의 AWS 계정으로 로그인합니다. 왼쪽 상단 메뉴의 [서비스] → [컴퓨팅] → [EC2]로 이동합니다. 메뉴의 [인스턴스]를 선택한 후 중지할 인스턴스를 클릭 후 [작업] → [인스턴스 상태] → [중지]를 클릭합니다.

02 확인 창에서 [예, 중지] 버튼을 클릭 후 인스턴스 상태가 "stopped"로 변경됨을 확인합니다.

RDS 중지

본 실습에서 생성된 RDS는 이후 6장, 7장에서 사용하게 되므로 MySQL RDS는 삭제하지 않고, 서버를 중지하여 RDS의 사용 비용을 발생하지 않도록 하겠습니다. 절차는 다음과 같습니다.

01 웹 브라우저를 열고 http://aws.amazon.com에 접속 후 본인의 AWS 계정으로 로그인합니다. 왼쪽 상단 메뉴의 [서비스] → [데이터베이스] → [RDS]로 이동합니다. 메뉴의 [인스턴스]를 선택한 후 중지할 인스턴스를 클릭 후 [인스턴스 작업] → [중지]를 클릭합니다.

02 [DB 인스턴스 중지 확인] 페이지에서 "스냅샷 생성 여부 : 아니오" 선택 후 [예, 지금 중지] 버튼을 클릭하여 상태가 "중단됨"으로 변경됨을 확인합니다.

6장

DNS를 손쉽게
연결하고 관리하기

Amazon Route 53

1 > DNS(Domain Name System)

DNS는 사람이 읽을 수 있는 도메인 이름(예: www.naver.com)을 컴퓨터나 스마트폰 등 다양한 디바이스에서 읽을 수 있는 IP 주소(예: 192.0.2.44)로 변환하는 역할을 합니다. 스마트폰이나 노트북부터 대규모 소매 웹 사이트의 콘텐츠를 서비스하는 서버에 이르기까지 인터넷상의 모든 컴퓨터는 IP Address라는 숫자를 사용하여 서로를 찾고 통신합니다.

우리에게 DNS가 없었다면 웹 사이트에 접속하기 위해 웹 서버의 IP Address를 알아야만 웹 페이지에 접속할 수 있을 것입니다. 이렇듯 DNS는 도메인 이름을 IP 주소로 변환하여 웹 사이트로 트래픽을 라우팅합니다.

[그림 6-1] Domain Name System

DNS 서비스가 있기 때문에 우리는 긴 숫자 대신 example.com과 같은 도메인 이름을 입력해도 원하는 웹 사이트로 갈 수 있습니다. Amazon은 Route 53와 같은 DNS 서비스를 이용하여 www.example.com과 같이 사람이 읽을 수 있는 이름을 192.0.2.1과 같은 숫자 IP 주소로 변환하여 컴퓨터가 서로 통신할 수 있도록 합니다.

2 〉 DNS의 구성 및 체계

DNS 구성 및 체계에 대한 이해를 위해서는 인터넷 도메인 체계에 대한 이해가 필요합니다. 인
터넷 도메인 체계에서 최상위는 루트(Root)로, 인터넷 도메인의 시작점이 됩니다. 그리고 이 루
트 도메인(Root Domain) 바로 아래 단계에 있는 것을 1단계 도메인이라고 하며, 이를 최상위 도
메인 또는 TLD(Top Level Domain)라고 합니다. 최상위 도메인은 국가명을 나타내는 국가 최상위
도메인과 일반적으로 사용되는 일반 최상위 도메인으로 구분됩니다.

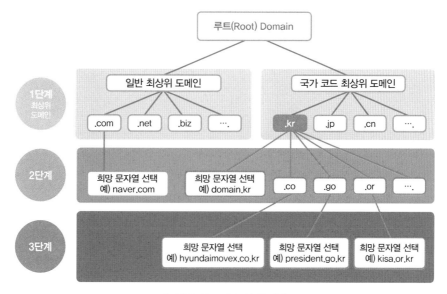

[그림 6-2] DNS 구성 및 체계

도메인을 구입할 경우 1단계 도메인 중에 하나를 선택하고 원하는 도메인명을 지정하여 등록합
니다.

3 〉 DNS의 동작 원리

다음의 다이어그램은 재귀적 DNS 서비스와 신뢰할 수 있는 DNS 서비스가 서로 연계하여 최종 사용자를 웹 사이트 또는 애플리케이션으로 전달하는 방법에 대한 개요를 보여줍니다.

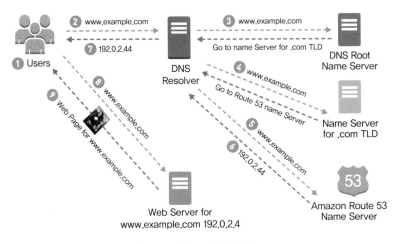

[그림 6-3] DNS 동작 원리

❶ 사용자가 웹 브라우저 주소 표시줄에 www.example.com을 입력하고 Enter를 누릅니다.

❷ www.example.com에 대한 요청은 일반적으로 케이블 인터넷 공급 업체, DSL 광대역 공급 업체 또는 기업 네트워크 같은 인터넷 서비스 제공 업체(ISP)가 관리하는 DNS 해석기로 전달됩니다.

❸ ISP의 DNS 해석기는 www.example.com에 대한 요청을 DNS 루트 이름 서버에 전달합니다.

❹ ISP의 DNS 해석기는 www.example.com에 대한 요청을 .com 도메인의 TLD 이름 서버 중 하나에 다시 전달합니다. .com 도메인의 이름 서버는 example.com 도메인과 연관된 4개의 Amazon Route 53 이름 서버의 이름을 사용하여 요청에 응답합니다.

❺ ISP의 DNS 해석기는 Amazon Route 53 이름 서버 하나를 선택해 www.example.com에 대한 요청을 해당 이름 서버에 전달합니다.

❻ Amazon Route 53 이름 서버는 example.com 호스팅 영역에서 www.example.com 레코드를 찾아 웹 서버의 IP 주소 192.0.2.44 등 연관된 값을 받고 이 IP 주소를 DNS 해석기로 반환합니다.

❼ ISP의 DNS 해석기가 마침내 사용자에게 필요한 IP 주소를 확보하게 됩니다. 해석기는 이 값을 웹 브라우저로 반환합니다. 또한, DNS 해석기는 다음에 누군가가 example.com을 탐색할 때 좀 더 빠르게 응답할 수 있도록 사용자가 지정하는 일정 기간 동안 example.com의 IP 주소를 캐싱(저장)합니다. 자세한 내용은 TTL(Time to Live)을 참조합니다.

❽ 웹 브라우저는 DNS 해석기로부터 얻은 IP 주소로 www.example.com에 대한 요청을 전송합니다. 여기가 콘텐츠(Contents)가 있는 곳으로, 웹 사이트 엔드 포인트(End-Point)로 구성된 Amazon S3 버킷 또는 Amazon EC2 인스턴스에서 실행되는 웹 서버입니다.

❾ 192.0.2.44에 있는 웹 서버 또는 그 밖의 리소스는 www.example.com의 웹 페이지를 웹 브라우저로 반환하고, 웹 브라우저는 이 페이지를 표시합니다.

4 〉 Amazon Route 53

Amazon Route 53란, 가용성과 확장성이 우수한 클라우드 기반의 Domain Name System(DNS) 웹 서비스입니다. 이 서비스는 www.example.com과 같은 이름을 192.0.2.1과 같이 컴퓨터 간 연결을 위해 사용되는 숫자로 된 IP 주소로 변환하며, 개발자와 기업은 최종 사용자를 인터넷 애플리케이션에 매우 안정적이며 효율적 비용으로 연결할 수 있습니다. 또한 사용자의 요청을 Amazon EC2 인스턴스, Elastic Load Balancing, S3 Bucket 등 AWS에서 실행되는 다양한 인프라에 효과적으로 연결할 수 있습니다. 사용자를 AWS 외부의 인프라로 전달하는 서비스도 Route 53를 사용할 수 있습니다.

구분	내용
서비스명	Amazon Route 53
설명	가용성과 확장성이 우수한 클라우드 Domain Name System(DNS) 웹 서비스

구분	내용
주요 특징	– 가용성과 확장성이 뛰어난 클라우드 기반 DNS 웹 서비스 – 동적으로 사용자에게 노출될 DNS 레코드 타입과 값 조정 – 각종 다양한 로드 밸런싱 기능 지원 – Amazon Route 53는 IPv6와 완벽하게 호환 – 사용자의 요청을 EC2, ELB, S3 Bucket 등 인프라로 직접 연결 가능 – 외부의 인프라로 라우팅하는 데 Route 53 사용 가능 – Route 53 트래픽 흐름을 사용하면 지연 시간 기반 라우팅 가능 – Route 53에서는 도메인 이름 등록도 지원
프리티어 (Free Tier)	프리티어 없이 종량제 과금으로 사용하는 만큼 지불

5 〉 Route 53의 주요 특징 및 기능

5-1 ▶ 연결 체크 및 Failover(Health Checks and Failover)

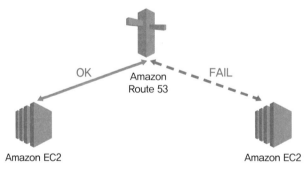

[그림 6–4] Route 53 Health Checks and Failover

Route 53의 Health check 기능을 사용하면 상태 확인 에이전트가 Route53에 연결된 응용프로그램의 각 끝점을 모니터링하여 서비스의 사용 가능 여부를 확인하고 '정상' 또는 '비정상' 상태를 반환합니다. 이를 사용해서 외부 사용자가 직접 접속한 것과 유사한 상황을 시뮬레이션(Simulation)할 수 있습니다.

리소스의 연결 상태가 좋지 않을 때 알림 메일을 수신하도록 각 상태 검사에 대해 CloudWatch 알림을 구성할 수 있습니다. 또한 장애 조치(DNS Failover)가 구성되어 있고 에이전트가 정상이 아닌 것으로 판단되면 Amazon Route 53는 외부 사용자를 정상적으로 연결 가능한 사전 정의된 대체 서버나 지정된 엔드포인트(End-Point)로 연결을 전환시킬 수 있습니다.

5-2 고가용성 DNS(High Availability DNS) 서비스 및 DNS Failover

Route53는 상태 검사(Health Check)와 연결된 장애 조치(Failover) 레코드를 구성할 수 있습니다. 상태 검사(Health Check)에서 연결 상태로 정상 상태가 반환되면 응용프로그램은 계속 정상적으로 작동합니다.

[그림 6-5] Route 53 고가용성 DNS 서비스(Healthy)

하지만 상태 검사에서 연결 상태가 비정상 상태가 반환되면 Amazon Route 53에서 정상 상태가 아닌 끝점 값을 반환하지 않고 오류 복구 레코드의 값에 대해 응답하기 시작합니다.

DNS Failover Record를 활용하면 외부 사용자를 응용프로그램의 오류나 시스템 장애 상황에서 미리 정의된 응용프로그램이나 정상적으로 도달 가능한 외부 리소스로 연결을 전환합니다. 이 렇게 응용프로그램이나 시스템의 장애 상황에서 정상적인 엔드포인트(End-Point)로 장애 조치(Failover)를 수행하면 웹 사이트 또는 애플리케이션의 다운 타임을 최소화할 수 있습니다.

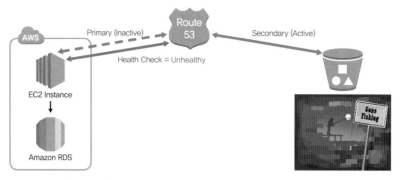

[그림 6-6] Route 53 고가용성 DNS 서비스(Unhealthy-Failover)

5-3 지연 시간 기반 라우팅(Latency Based Routing)

Route53는 동일한 기능을 수행하는 여러 데이터 센터에 EC2 리소스가 있고, 가장 지연 시간이 적은 리소스로 Route53에서 DNS 쿼리에 응답 처리하여 지연 시간 기반 라우팅(Latency Based Routing) 서비스를 제공합니다.

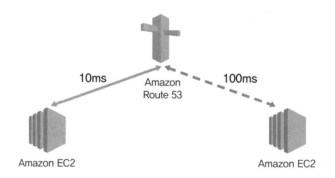

[그림 6-7] Route 53 지연 시간 기반 라우팅(Latency Based Routing)

지연 시간 기반 라우팅은 최종 사용자에게 최저 지연 시간을 제공하는 엔드포인트로 라우팅(Routing)을 제공하며, 일정 기간 동안 수행된 지연 시간 측정을 기반으로 하며 주기적으로 지연 시간을 측정하여 변경 사항을 반영합니다.

5-4 가중치 기반 라우팅(Weighted Round Robin Routing)

여러 리소스 레코드를 단일 DNS 이름으로 연결 후 같은 기능을 수행하는 여러 리소스에 대해 사용자가 지정한 가중치 비율로 트래픽을 라우팅할 수 있습니다.

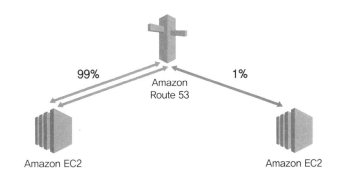

[그림 6-8] Route 53 가중치 기반 라우팅(Weighted Round Robin Routing)

한 서버에 40%, 다른 서버에 60%의 쿼리를 보내서 특정 리소스 레코드 집합이 선택될 확률을 사전에 지정한 가중치의 비율로 지정하여, 해당 리소스에 접속할 확률을 조정할 수 있습니다. 이러한 가중치 기반 라우팅(Weighted Round Robin Routing)은 로드 밸런싱 및 새 버전의 소프트웨어 테스트를 포함하여 다양한 목적에 사용됩니다.

5-5 지역 기반 라우팅(Geolocation Routing)

요청이 시작된 지리적 위치를 기반으로 특정 엔드포인트에 대한 라우팅을 수행하는 기능입니다.

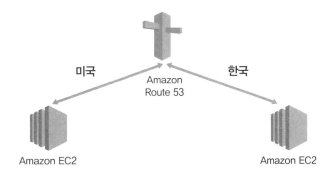

[그림 6-9] Route 53 지역 기반 라우팅(Geolocation Routing)

국가별 또는 사용자의 지역적 위치에 따라 현지화된 콘텐츠를 사용자별로 제공하거나, 라이선스가 있는 시장에만 콘텐츠 배포를 한정하거나 배포 대상으로 선택할 수 있습니다. 미국에서는 대륙, 국가 또는 주를 기준으로 지리적 위치를 정할 수 있습니다. 또한 지역 기반 라우팅(Geolocation Routing) DNS는 LBR(Latency Based Routing) 또는 DNS Failover와 결합하여 Performance 향상을 위한 다양한 환경을 구성할 수 있습니다.

6 〉 실습 : Amazon Route 53에서 DNS 구입하기

Amazon Route 53의 사용 방법을 배우기 위해 Route 53를 사용하여 신규 도메인을 등록하고, 4장에서 생성된 PHP용 웹 사이트를 신규 등록한 DNS를 통해 연결하는 실습을 포함하고 있습니다. 본 실습에 사용되는 Route53는 Free Tier가 없으며, 신규 DNS를 등록하는 과정에서 DNS 사용료(1년 기준 $12)가 발생됩니다. 따라서 본 실습은 비용이 발생될 수 있으며, 기존에 보유하고 있는 DNS가 있는 경우에는 실습 B를 사용하여 네임 서버를 Route53로 변경 후 진행합니다.

01 웹 브라우저를 열고 http://aws.amazon.com에 접속 후 본인의 AWS 계정으로 로그인합니다. 왼쪽 상단 메뉴의 [서비스] → [네트워크 및 콘텐츠 전송] → [Route 53]로 이동합니다.

02 왼쪽 메뉴에서 [등록된 도메인] 메뉴를 클릭합니다.

03 [등록된 도메인] 페이지에서 신규 도메인 등록을 위해 [도메인 등록] 버튼을 클릭합니다.

04 [도메인 이름 선택] 페이지에서 등록할 도메인을 입력하고, 등록할 도메인의 끝자리 구분자를 선택 후 [확인] 버튼을 클릭 후 하단의 [계속] 버튼을 클릭합니다.

05 원하는 도메인의 등록 가능 여부를 확인 후 해당 도메인을 등록하기를 원한다면 [장바구니에 추가] 버튼을 눌러 [장바구니]에 추가 후 하단의 [계속] 버튼을 클릭합니다.

06 도메인 구입을 위해 필요한 기본 정보를 영문으로 입력 후 [계속] 버튼을 클릭합니다.

07 다음 페이지에서 약관에 대해 동의 후 [구매 완료] 버튼을 클릭하면 본인이 입력한 이메일로 확인을 위한 요청 메일이 자동 발송됩니다.

08 도메인이 정상 등록되었으며, 신규로 등록 시 모든 절차가 완료되기까지 일정 기간이 필요합니다. 결과를 확인하기 위해 Dashboard로 이동하면 등록된 DNS 등록 작업 진행 절차를 확인할 수 있습니다.

Amazon Route 53가 아닌 다른 판매 사이트(후이지, 아이네임즈 등)에서 도메인을 구매한 경우 Route 53에 어떻게 등록할 수 있는지 실습합니다. Route 53는 프리티어(Free Tier)를 제공하지 않으며, 사용한 만큼 과금됩니다.

01 웹 브라우저를 열고 http:// aws.amazon.com에 접속 후 본인의 AWS 계정으로 로그인합니다. 왼쪽 상단 메뉴의 [서비스] → [네트워크 및 콘텐츠 전송] → [Route 53]로 이동합니다.

02 도메인을 등록 관리하기 위해 왼쪽 메뉴에서 "호스팅 영역" 메뉴를 클릭합니다.

③ 구입한 도메인을 등록하기 위해 상단의 [호스팅 영역 생성] 버튼을 클릭합니다.

④ 다음과 같이 등록할 "도메인 이름"을 입력하고 [유형]은 "퍼블릭 호스팅 영역"을 선택 후 [생성] 버튼을 클릭합니다.

⑤ 본인이 등록한 Hosted Zone에 대한 Type이 "NS"인 행을 선택하여, 4개의 Name Server 정보를 확인합니다.

06 도메인 구매 업체(Whois, inames, dotname 등)에 로그인하여 [DNS 설정] 페이지에서 "네임서버 변경"을 선택합니다.

07 [Route 53] 페이지에서 확인한 Name Server 정보를 도메인 관리 업체의 [네임서버 정보] 페이지에 등록합니다.

08 5~10분 후 등록한 Domain의 Name Server가 정상적으로 변경되었는지 확인하기 위해 [시작] → [실행] → [cmd] 입력 후 [실행] 버튼을 눌러 [명령 프롬프트]를 실행합니다. 네임 서버 조회를 위해 "nslookup"을 입력 후 다음과 같이 입력하면 변경된 name server 정보를 확인할 수 있습니다.

```
Set type=ns [enter]
"조회할 도메인 명" [enter]
```

8 〉 실습 : Route 53를 통해 웹 서버에 도메인 연결하기

EC2와 도메인 연결에 대한 실습을 위해 5장 RDS에서 사용된 EC2에 Route 53를 연결하여 EC2에 도메인을 연결하는 실습을 진행합니다.

01 웹 브라우저를 열고 http://aws. amazon.com에 접속 후 본인의 AWS 계정으로 로그인합니다. 왼쪽 상단 메뉴의 [서비스] → [EC2] → [인스턴스]로 이동합니다. EC2에 도메인 연결하기 위해 왼쪽 메뉴에서 [네트워크 및 보안] → [탄력적 IP]에서 [탄력적 IP 주소 할당] 버튼을 클릭합니다.

02 [탄력적 IP 주소 할당] 페이지에서 [할당] 버튼을 클릭합니다.

03 할당된 [탄력적 IP]를 선택 후 [작업] 메뉴를 클릭하여 [탄력적 IP 주소 연결] 메뉴를 클릭합니다.

04 [탄력적 IP 주소 연결] 페이지에서 탄력적 IP 주소를 연결할 인스턴스를 선택하고 연결할 "프라이빗 IP"를 선택한 후 [연결] 버튼을 클릭합니다.

05 [인스턴스] 페이지에서 EC2와 연결된 "탄력적 IP"를 확인 후 [서비스] → [네트워킹 및 콘텐츠 전송] → [Route 53]로 다시 이동합니다.

06 [Route 53] → [호스팅 영역]으로 이동해서 등록된 "도메인 이름"을 클릭합니다.

07 상단의 [레코드 세트 생성] 버튼을 클릭하고 [레코드 세트 생성] 항목의 [이름]에 "www"를 입력합니다. [값]에 확인한 EC2의 "탄력적 IP"를 입력 후 [생성] 버튼을 클릭합니다.

08 신규 등록한 도메인으로 테스트용 웹 페이지에 접속되는지 확인합니다.

기업에서 어느 정도 서버 및 IT 인프라를 보유하고 있다면 DNS(Domain Name System) 서버는 회사 내에 별도로 설치해서 운영하게 됩니다.

[그림 6-10] Domain Name System

보통은 윈도우 서버나 리눅스 서버에 DNS 서비스를 설치하여 운영합니다. 프로그램 설치나 구성이 복잡하지 않고 특별히 시스템 부하를 유발하지 않는 서비스로 높은 사양의 서버를 필요로 하지 않기 때문에, 사양이 낮은 서버로 단독 구축을 하거나, 타 서비스와 함께 구성하는 경우가 대부분입니다. 또한 한 번 구성해 놓으면 크게 문제가 생기지 않기 때문에 구성해 놓고 크게 신경 쓰지 않는 경우가 대부분입니다.

다만 한 번 문제가 생기거나 시스템이 다운되면 DNS에 등록된 전체 시스템에 접근할 수 없기 때문에 중요성이 높은 서비스입니다. 2000년도 후반 DNS 서비스가 On-Premise 구축형이 아닌 웹 기반의 관리형 DNS로 변화하고 있는 상황으로 아카마이, CDNetworks가 대표적으로 해당 서비스를 제공하고 있습니다.

2015년 이후 클라우드 사업자인 아마존, MS, Google이 DNS 서비스를 자사의 클라우드 서비스와 결합하여 저렴하면서 다양한 기능과 보안성, 클라우드 서비스와의 연계성을 무기로 클라우드 서비스 기반형 DNS 서비스로 변화하고 있는 상황입니다.

2010년 초반 웹 기반의 DNS 서비스를 월 과금 형태로 서비스하게 되었습니다. 웹 기반 관리형 DNS 서비스는 운영/관리가 쉬우며, 글로벌 네트워크를 활용하여 Domain의 변경 사항에 대해 빠르게 전파할 수 있다는 장점을 가지고 있었습니다.

2015년 1월 고객사의 대외 서비스 활성화에 따라 DNS Query가 증가하게 되었고, 이에 따라 비용이 기하급수적으로 늘어나게 되어, 대안으로 Amazon Route 53를 시범 적용하여 사용해 보았습니다.

[그림 6-11] Amazon Route 53의 주요 기능

Route 53를 사용해본 결과, 웹 기반 서비스로 운영/관리가 쉬우며 다양한 기능과 외부 DDoS(Distributed Denial of Services) 공격을 차단하는 기능을 기본으로 제공합니다. 또한 무엇보다 가격이 매우 저렴하여 기존 대비 약 1/10로 DNS 서비스를 사용할 수 있게 되어 고객 만족도가 매우 높은 서비스가 되었습니다. 여러분도 지금 DNS 서비스에 대한 Needs가 있다면 망설이지 말고 Amazon Route 53를 사용해 보길 권장합니다.

Resource Termination

본 실습은 서버나 RDS를 별도로 생성하지 않으므로 자원을 중지하거나 삭제할 필요가 없습니다.

7장

네트워크 트래픽을 분산시켜 주는 로드 밸런싱

Amazon Elastic Load Balancing

1 > 로드 밸런싱(Load Balancing)

로드 밸런싱이란, 네트워크 기술의 일종으로 네트워크 트래픽을 하나 이상의 서버나 장비로 분산하기 위해 사용되는 기술로, 로드 밸런싱을 수행하는 소프트웨어나 하드웨어를 로드 밸런서(Load Balancer)라고 합니다. 로드 밸런싱 서비스를 통해 외부에서 발생되는 많은 인터넷 트래픽을 여러 웹 서버나 장비로 부하를 분산하여 처리할 수 있습니다.

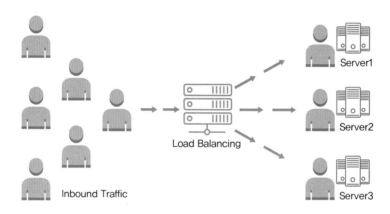

[그림 7-1] Load Balancing

일반적인 웹 트래픽 증가에 대한 처리 방식은 크게 두 가지입니다.

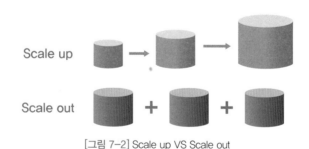

[그림 7-2] Scale up VS Scale out

첫 번째, Scale-Up을 통해 CPU, 메모리, 디스크 등의 기능을 업그레이드 하는 방식입니다.

기존보다 높은 성능을 보유한 웹 서버로 시스템을 업그레이드함으로써 문제를 해결하는 방식으로 필요로 하는 성능이 높아질수록 비용이 기하급수적으로 늘어나는 단점이 있습니다. 또한 하나의 서버에서 웹 서비스를 제공하여 서버 중지 및 장애로 인해 웹 서비스 가용성에 문제가 발생할 수 있습니다.

두 번째, Scale-Out을 통해 저렴한 노드 여러 개를 하나의 Cluster로 구성하는 방식입니다.

Cluster로 구성하는 경우 Cluster 내 하나의 노드에 문제가 발생하여도 웹 서비스가 중단되지 않으므로 가용성이 높은 웹 서비스를 구성할 수 있습니다. 로드 밸런싱은 Scale-Out 방식의 웹 서비스 구성에 주로 사용되며, 네트워크 트래픽을 서비스의 Port 단위로 제어하고, 트래픽을 분산 처리함으로써 높은 가용성과 부하 분산을 통한 고효율 웹 서비스를 제공합니다.

2 > 로드 밸런싱의 방식

▒ Round Robin

Real 서버로의 Session 연결을 순차적으로 맺어주는 방식입니다. 연결되어 있는 Session 수에 상관 없이 순차적으로 연결시키는 방식으로 Session에 대한 보장을 제공하지 않습니다.

▒ Hash

Hash 알고리즘을 이용한 로드 밸런싱 방식입니다. Client와 Server 간에 연결된 Session을 계속 유지해 주는 방식으로 Client가 특정 Server로 연결된 이후 동일 서버로만 연결되는 구조로 Session에 대한 보장을 제공합니다.

▒ Least Connection

Session 수를 고려하여 가장 작은 Session을 보유한 서버로 Session을 맺어주는 연결 방식입니다. Session에 대한 보장을 제공하지 않습니다.

Response Time

서버 간의 Resource와 Connection의 차이가 있는 환경에서 사용되는 방식으로 응답시간을 고려하여 빠른 응답시간을 제공하는 서버로 Session을 맺어주는 방식이며, Session에 대한 보장을 제공하지 않습니다.

3 〉 Amazon Elastic Load Balancing

Amazon Elastic Load Balancing은 단일 가용 영역 또는 여러 가용 영역에서 Amazon EC2 인스턴트 및 컨테이너, IP 주소 같은 동일한 서비스를 제공하기 위해 준비된 여러 대상으로 애플리케이션 및 네트워크 트래픽을 자동으로 분산시킵니다.

Elastic Load Balancing은 서비스의 목적에 따라 세 가지의 로드 밸런서 중 하나의 서비스를 선택하여 사용할 수 있으며, 이를 통해 애플리케이션의 내결함성 보장을 위해 필요한 고가용성, 부하분산, 자동 확대/축소, 강력한 보안 기능을 제공합니다.

구분	내용
서비스명	Amazon Elastic Load Balancing
설명	확장성, 성능, 보안성을 통한 애플리케이션 내결함성을 제공하는 로드 밸런서
주요 특징	– 수신되는 트래픽을 여러 EC2 인스턴스에 자동 배포 – 애플리케이션의 내결함성을 확보하며, 네트워크 트래픽을 원활하게 대상으로 자동 분산 처리 기능 제공 – 고가용성, 자동 조정 및 강력한 보안 서비스 제공 – Application Load Balancer, Network Load Balancer, Classic Load Balancer 등 세 가지 유형의 로드 밸런서를 지원하며, 애플리케이션의 필요에 따라 로드 밸런스
프리티어 (Free Tier)	– 클래식 및 애플리케이션 로드 밸런서 간에 공유되는 탄력적 로드 밸런서 750시간을 프리티어(Free Tier)로 제공 – 클래식 로드 밸런서의 데이터 처리 15GB, 애플리케이션 로드 밸런서 15GB를 프리티어(Free Tier)로 제공

4 > ELB의 종류 및 유형

Amazon Elastic Load Balancing은 애플리케이션의 요구사항에 따라 Application Load Balancer, Network Load Balancer, Classic Load Balancer 중 하나의 유형을 선택하여 로드 밸런싱 서비스를 사용할 수 있습니다.

구분	내용	적합 서비스
Application Load Balancer	– OSI 모델 7계층(Application)에서 작동하며, HTTP, HTTPS와 같은 고급 로드 밸런싱 서비스에 적합 – 마이크로 서비스 및 컨테이너 기반 애플리케이션, 최신 애플리케이션 서비스에 최적화된 로드 밸런싱 제공, SSL/TLS 암호화 및 프로토콜 사용하여 보안성 보장	HTTP/HTTPS 서비스
Network Load Balancer	– OSI 모델 4계층(Transport Layer)에서 작동하며, TCP 트래픽의 로드 밸런싱 서비스에 적합 – 짧은 지연 시간과 초당 수백만 개의 요청 처리가 가능하며, 가용 영역당 1개의 정적 주소를 사용하면서 트래픽의 변동이 심한 서비스에 최적화	TCP 트래픽 로드 밸런싱 및 짧은 지연 시간
Classic Load Balancer	– OSI 모델 4계층(Transport Layer), 3계층(Network Layer)에서 작동 – EC2–Classic 네트워크 내에 구축된 애플리케이션을 대상으로 제공	EC2–Classic 네트워크 구축된 애플리케이션

ELB를 생성하는 것이 로드 밸런싱 서비스를 인터넷에 연결할 것인지 아닌지에 따라 Internet-facing 여부를 선택하게 됩니다. 이 항목 선택 여부에 따라 ELB가 Internal ELB, External ELB로 구분됩니다. 서비스별 차이점은 다음과 같습니다.

항목	External Elastic Load Balance	Internal Elastic Load Balance
인터넷 연결	연결 가능	연결 불가
사용 가능 IP	Public IP, Private IP	Private IP
접속 가능 영역	인터넷, VPC 내부	VPC 내부

5 > ELB의 주요 특징

5-1 상태 확인 서비스(Health Check)

Elastic Load Balancing은 ELB와 연결된 인스턴스의 연결 상태를 수시로 체크하여 인스턴스의 OS나 애플리케이션의 문제로 인해 연결 장애나 서비스 가능 여부에 대한 Health Check를 지속적으로 수행합니다. 이러한 Health check가 실패하는 경우 해당 인스턴스로 트래픽을 전달하지 않습니다. 이를 위해 HTTP와 HTTPS 상태 확인 빈도, 실패 임계치, 성공 시 응답 코드를 임의 설정 가능하며, 자세한 상태 확인과 실패 원인은 API를 통해 확인은 물론 AWS 콘솔에도 표시됩니다. TCP 방식으로 Health Check를 수행하는 경우 서비스 Port의 오픈 여부 및 연결 가능 여부를 확인하며, HTTP나 HTTPS 방식은 특정 웹 페이지의 접속 시도에 따른 응답 코드(200)가 정상 반환 여부를 확인해서 Health Check 성공/실패 여부를 판단합니다.

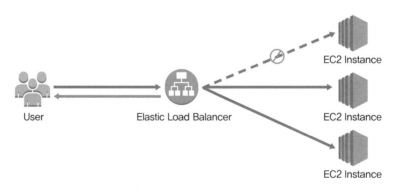

[그림 7-3] ELB 상태 확인 서비스(Health Check)

5-2 Sticky Session

Elastic Load Balancing을 통해 트래픽을 부하 분산하는 경우 기본적으로는 Round Robin 방식으로 트래픽을 분산합니다. 이 경우 한 번 연결된 Session은 다음 연결 시 그대로 연결되지 않으며, 다음 번 연결 시 다른 인스턴스로 연결될 수 있어서 애플리케이션의 Session을 유지할 수 없게 됩니다. 특히 세션 유지가 필요한 백오피스 웹 사이트(그룹웨어 등)의 경우 연결이 끊어지거나 웹 사이트의 로그인 및 인증 정보를 유지할 수 없게 됩니다.

Stick Session을 사용하면 처음 연결된 Client에 별도의 HTTP 기반의 쿠키 값을 생성하여 다음 번 연결 요청에 대해 처음 접속했던 서버로 계속 연결하도록 트래픽을 처리하게 됩니다.

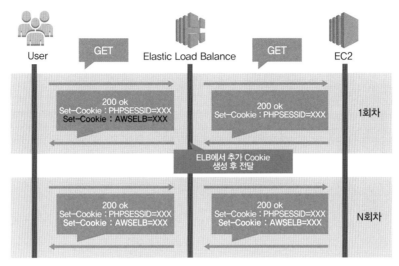

[그림 7-4] ELB Sticky Session

5-3 ▶ 고가용성 구성

Elastic Load Balancing은 단일 가용 영역 또는 여러 가용 영역에 있는 여러 대상(Amazon EC2 인스턴스, 컨테이너 및 IP 주소)에 걸쳐 트래픽을 자동으로 분산할 수 있습니다. 특히 고가용성 구성을 위해 Route53와 같은 Amazon Web Services의 다른 서비스와의 연계를 통해 가용성 서비스를 제공할 수 있습니다.

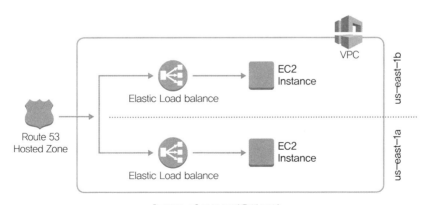

[그림 7-5] ELB 고가용성 구성

SSL Termination 및 보안 기능

웹 사이트에 SSL 인증서를 적용하여 HTTPS와 같은 방식으로 암호화 통신을 하기 위해서는 개별 웹 서버에 별도의 공인인증서를 구매 후 적용하여야 합니다. 이 경우 개별 인증서를 각 인스턴스에 직접 적용은 물론 인증서 만료에 따른 갱신 등 관리가 필요합니다.

또한 개별 EC2 인스턴스에서 SSL 암호화 및 복호화를 직접 처리하므로 인스턴스에 암호화 및 복호화 처리를 위한 추가 부하가 발생되게 됩니다. ELB의 SSL Termination 기능을 사용하게 되면 개별 인스턴스에 SSL 인증서를 직접 설치할 필요가 없습니다. ELB에 공인인증서 또는 ACM(Amazon Certificate Manager)에서 무료로 발급받을 수 있는 사설 인증서를 등록함으로써, SSL 인증서를 이용한 HTTPS 활용 트래픽 암호화 및 복호화 서비스를 제공할 수 있습니다.

ACM(Amazon Certificate Manager)을 사용하는 경우 추가적인 인증서 발급 비용은 무료이며 별도의 인증서 관리도 필요 없습니다. 그리고 인스턴스의 암호화 및 복호화에 따른 부하를 줄일 수 있습니다.

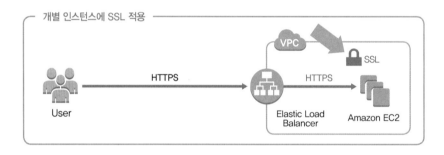

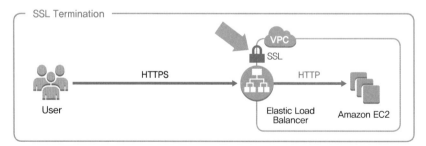

[그림 7-6] ELB SSL Termination 및 보안 기능

6 〉 실습 : 웹 서버 구성 및 웹 페이지 연결 테스트하기

Amazon Elastic Load Balancing의 사용 방법을 배우기 위해 2대의 웹 서버를 생성하고 로드 밸런스 테스트를 위한 웹 페이지를 작성합니다. 이후 ELB를 구성하고, 인스턴스를 추가하여, 특정 서버의 서비스 실패 시 Elastic Load Balancer의 동작 여부와 서비스 복구 후 동작 방식에 대해 실습을 진행합니다. 본 실습에 사용되는 EC2는 Free Tier 범위에서 사용할 예정이며, Elastic Load Balancer 또한 Free Tier로 진행됩니다.

01 웹 브라우저를 열고 http:// aws.amazon.com에 접속 후 본인의 AWS 계정으로 로그인합니다. 왼쪽 상단 메뉴의 [서비스] → [컴퓨팅] → [EC2]로 이동합니다.

02 [인스턴스] 메뉴에서 [인스턴스 시작] 버튼을 누르고 [AMI 선택] 페이지에서 "Amazon Linux AMI" 를 선택합니다.

03 [인스턴스 유형 선택] 페이지에서 "t2.micro"를 선택 후 [다음: 인스턴스 세부 정보 구성] 버튼을 클릭합니다.

04 [인스턴스 세부 정보 구성] 페이지에서 [인스턴스 개수]를 "2"로 지정하고 [네트워크] 항목에서 "Tutorial-vpc"를 선택하고, [서브넷] 항목에서 "Tutorial Public"을 선택하고, [퍼블릭 IP 자동 할당]을 "활성화"로 선택 후 [다음: 스토리지] 버튼을 클릭합니다.

05 [스토리지 추가] 페이지에서 [다음: 태그 추가] 버튼을 클릭합니다.

06 [태그 추가] 페이지에서 [다음: 보안 그룹 구성] 버튼을 클릭합니다.

07 [보안 그룹 구성] 페이지에서 "기존 보안 그룹 선택"을 클릭 후 "toturial-securitygroup"을 선택하고 [검토 및 시작] 버튼을 클릭합니다.

08 [인스턴스 시작 검토] 페이지에서 [시작] 버튼을 클릭 후 "기존 키 페어 선택"을 선택하고 [인스턴스 시작] 버튼을 클릭합니다.

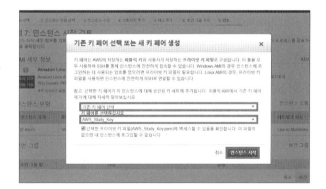

09 5~10분 후 [인스턴스] 메뉴를 클릭하여 신규로 생성된 인스턴스 2개를 확인합니다.

10 SSH Client를 이용하여 서버 접속 후 다음과 같은 명령을 실행하여 웹 서버를 설치하고 웹 페이지를 생성합니다.

```
sudo yum install httpd
sudo Services httpd start
```

11 인스턴스의 퍼블릭 DNS를 확인 후 웹 브라우저로 웹 서비스 접속 가능 여부를 확인합니다.

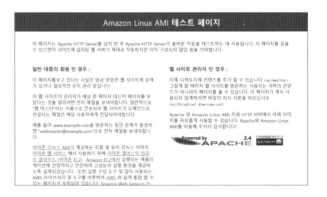

⓬ SSH Console로 이동 후 다음과 같이 chkconfig 명령을 사용하여 서버 부팅 시 웹 서버가 자동으로 시작될 수 있도록 설정합니다.

```
[ec2-user ~]$sudo chkconfig httpd on
```

⓭ 로그인 중인 ec2-user로 웹 서버의 기본 루트 페이지의 파일을 수정 변경 가능하도록 설정하기 위해 /var/www 디렉터리의 소유권 및 권한을 변경해야 합니다. 다음의 명령을 사용해서 www라는 그룹을 추가하고 /var/www에 대한 소유권과 권한을 부여합니다.

```
[ec2-user ~]$sudo groupadd www
[ec2-user ~]$sudo usermod -a -G www ec2-user
[ec2-user ~]$exit
```

EC2를 SSH console로 다시 접속합니다.

⓮ SSH Client를 이용하여 서버에 다시 접속 후 다음과 같이 서버의 접속 권한을 수정합니다.

```
[ec2-user ~]$cd /var/www
[ec2-user ~]$sudo chown -R root:www /var/www
[ec2-user ~]$sudo chmod 2775 /var/www/html
```

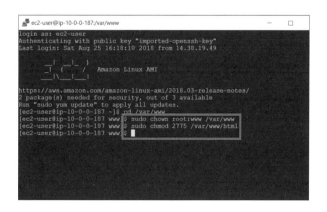

⓯ Nano Editor를 활용하여 index.html을 신규로 생성 후 1번 서버는 "Test Website - EC2 Instance 1"을 입력 저장하고, 2번 서버는 "Test Website - EC2 Instance 2"로 입력 후 저장합니다.

```
[ec2-user ~]$cd html
[ec2-user ~]$nano index.html
```

"Test Website - EC2 Instance 1" 입력 후 [Ctrl]+[X] 후 파일을 저장하고 종료합니다.

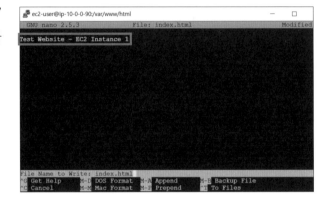

⓰ 인스턴스의 퍼블릭 DNS로 다시 웹 브라우저에서 접속하여 "Test Website - EC2 Instance 1"가 정상 출력됨을 확인합니다.

⓱ 2번 서버에 대해서도 동일한 절차로 웹 페이지를 등록합니다.

7 〉 실습 : ELB 구성하기

Amazon Elastic Load Balancing을 구성하고 인스턴스를 연결하여 로드 밸런싱 서비스가 어떻게 동작하는지를 실습하고 확인합니다. 본 실습에 사용되는 애플리케이션 로드 밸런서는 월 750시간과 15GB의 트래픽에 대해 프리티어(Free Tier)를 제공합니다. 본 실습은 프리티어(Free Tier)를 활용하여 진행합니다.

01 왼쪽 상단 메뉴의 [서비스] → [컴퓨팅] → [EC2]에서 [로드 밸런서]를 클릭 후 [로드 밸런서 생성] 버튼을 클릭합니다.

02 [로드 밸런서 유형 선택] 페이지에서 "Application Load Balancer"의 [생성] 버튼을 클릭합니다.

03 [기본 구성] 페이지 [이름] 항목에 "Toturial-ELB"를 입력하고 [체계]는 "인터넷 연결"을 선택 후 하단 [VPC]에서 "Toturial-VPC"를 선택하고 가용 영역을 2개 선택 후 [다음: 보안 설정 구성] 버튼을 클릭합니다.

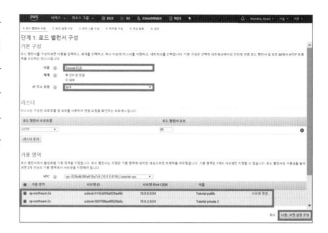

04 [보안 그룹 구성] 페이지에서 "Toturial-SecurityGroup"을 선택 후 [다음: 라우팅 구성] 버튼을 클릭합니다.

05 [라우팅 구성] 페이지에서 [이름]으로 "Toturial-ELBGroup"을 입력하고, [고급 상태 검사 설정] 항목을 클릭 후 [제한시간]은 "2초", [간격]은 "10초"로 지정 후 [다음: 대상 등록] 버튼을 클릭합니다.

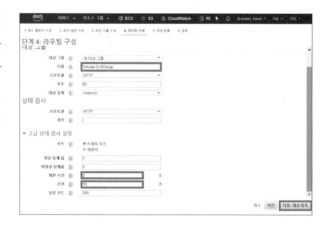

06 [대상 등록] 페이지에서 등록된 2개의 인스턴스를 선택하고 [등록된 항목에 추가] 버튼을 클릭하여 대상을 등록하고 [다음: 검토] 버튼을 클릭합니다.

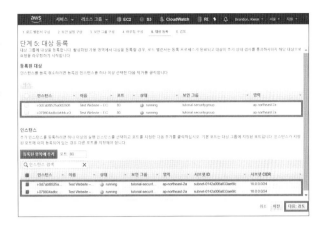

07 [검토] 페이지에서 구성한 내용을 확인 후 [생성] 버튼을 클릭합니다.

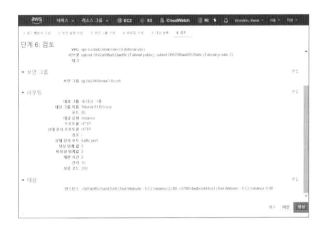

08 2~5분 후 [로드 밸런서] → [대상 그룹]으로 이동 후 신규로 생성된 대상 그룹을 선택 후 [대상] 탭에서 인스턴스의 상태를 확인합니다.

⑨ [로드 밸런서]로 이동 후 등록
된 로드 밸런서를 선택하여 신규로
생성된 ELB의 DNS 이름을 확인
후 복사합니다.

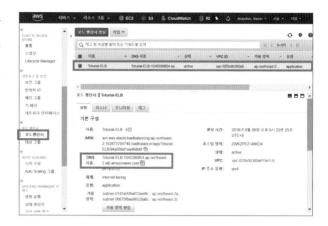

⑩ 복사한 ELB의 DNS 이름을 웹
브라우저에서 접속하여 웹 페이지
가 정상적으로 접속되는지 확인합
니다.

8 〉 실습 : 서비스 실패 시 ELB 테스트하기

서비스 중인 서버 한 대가 중지되었을 때 로드 밸런싱 서비스가 어떻게 동작하는지 확인합니다.

① [인스턴스] → [인스턴스]로 이
동 후 1번 서버를 선택하여 [인스턴
스 상태] → [중지]를 클릭합니다.

02 [로드 밸런서] → [대상 그룹]의 [대상] → [등록된 대상]에서 1번 서버의 상태가 "unused"로 변경됨을 확인합니다.

03 ELB의 DNS 이름을 웹 브라우저에 입력하여 웹 사이트 접속 후 여러 차례 새로고침을 수행하여 2번 서버만 연결됨을 확인합니다.

04 [인스턴스] → [인스턴스]로 이동 후 1번 서버를 선택하고 [인스턴스 상태] → [시작] 버튼을 클릭하여 1번 서버를 시작합니다.

05 [로드 밸런서] → [대상 그룹]의 [대상] → [등록된 대상]에서 1번 서버의 상태가 "healthy"로 변경됨을 확인합니다.

06 ELB의 DNS 이름을 웹 브라우저에 입력하여 웹 사이트 접속한 후 여러 차례 새로고침을 수행하여 1번 서버와 2번 서버가 Round Robin 방식으로 동작하여 1번 서버로 연결 가능함을 확인합니다.

9 > 실습 : ELB 세션 연결 고정(Sticky Session 활성화)하기

ELB의 도메인 DNS로 웹 페이지 접속 시 새로고침을 하면 접속되는 서버가 계속 변경됨을 확인할 수 있습니다. 이는 기본적인 ELB 연결 방식이 Round Robin 방식이므로 위와 같이 동작합니다. 웹 사이트의 로그인을 유지하기 위한 Sticky Session 활성화 방법을 알아보겠습니다.

01 ELB의 DNS 이름을 웹 브라우저에 입력 후 웹 사이트 접속을 합니다. 이때 새로고침 시 지속적으로 접속되는 서버가 변경됨을 확인할 수 있습니다.

02 [로드 밸런서] → [대상 그룹]
에서 "Toturial-ELBGroup"을 선택
후 하단의 [속성 편집] 버튼을 클릭
합니다.

03 [속성 편집] 항목에서 [고정]의
"활성화"를 체크 [고정 지속 시간]
은 "10분"으로 지정 후 [저장] 버튼
을 클릭합니다.

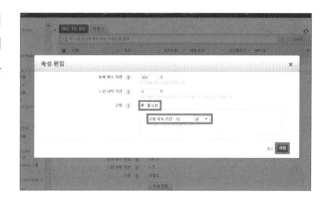

04 ELB의 DNS 이름으로 웹 사이
트에 접속하여 새로고침을 여러 차
례 수행하면서 접속되는 웹 사이트
가 고정되어 동일 인스턴스로만 접
속되는지 확인할 수 있습니다.

10 > 에필로그(Epilogue) : 제프 베조스와 아마존의 탄생

아마존 창업자 제프 베조스는 2018년 8월, 169조 원의 자산을 가진 '현대 역사상 최고의 부자'로 등극했습니다. 베조스의 자산 1,500억 달러는 지난 1982년 포브스가 부자 순위를 집계하기 시작한 이후 최고 기록이자, 마이크로소프트 창업자인 빌 게이츠와 구글 공동 창업자 래리 페이지의 자산을 합친 것보다 많습니다. 세계 최초로 대기업이 된 전자상거래 기업인 아마존닷컴을 1994년에 창립하였으며, 2018년 현재까지도 CEO로 재직하고 있습니다.

[그림 7-7] 베조스와 외할아버지
(출처 : Google)

제프 베조스는 1964년 1월 12일 미국 뉴멕시코주 엘버커키에서 테드 졸겐슨(Ted Jorgensen)과 재클린 자이스(Jacklyn Gise) 사이에서 태어났습니다. 제프가 태어나기 전에 테드와 재클린은 결혼했으나, 17개월 뒤 이혼하게 됩니다. 이후 재클린은 쿠바 출신 미겔 베조스(Miguel Bezos)와 재혼하게 되며, 베조스라는 성은 재혼한 아버지의 성을 따온 것이었습니다.

미겔은 아무 밑천 없는 쿠바 이민자였음에도 불구하고 열심히 노력하여 석유기업 엑슨(EXXON)에 임원까지 지내게 되고, 베조스는 그런 아버지를 존경하게 됩니다. 4세부터 16세까지 베조스는 텍사스의 외갓집 목장에서 여름을 보냈습니다. 그곳에서 풍차 수리는 물론, 송아지 예방접종, 수소 거세 작업을 직접 했습니다.

그의 외할아버지인 로런스 브레스튼 가이스는 베조스에게 많은 영향을 주게 됩니다. 베조스의 지적 호기심을 자극하고, 관심 분야에 열정을 가질 수 있도록 손자를 키웠으며, 대부분 그가 직접 할 수 있도록 자유방임주의적으로 교육하게 됩니다. 베조스는 2010년 모교인 프린스턴대학 졸업식 연설에서 "사람이 똑똑하기보다 친절하기가 더 어렵다"는 할아버지의 가르침을 소개하기도 했습니다.

[그림 7-8] 제프 베조스의 첫 번째 사옥인 차고
(출처 : Google)

이후 베조스는 1994년 아버지에게 30만 달러를 투자받아 시애틀 자신의 집 차고(미국 IT 업계의 성공신화는 차고에서 시작한다고 빌 게이츠, 스티브 잡스 등이 그랬다)에 전자상거래 업체인 아마존을 창업했습니다.

드디어 1995년 7월 첫 번째 책이 팔렸고, 2년 뒤인 1997년 기업 공개(IPO)에 나섰습니다. 23년이 지난 지금 아마존은 오늘날 세계에서 가장 큰 온라인 유통 업체로 성장했습니다. 미국의 경제전문지 《포춘》은 베조스를 '지금껏 한 번도 혁신을 멈춘 적이 없는 기업인'이라고 평가했습니다. 베조스는 혁신에 필요한 세 가지 요소를 다음과 같이 말하고 있습니다.

첫 번째, 실패에 맞서는 용기

아마존은 지금도 온라인, 식품, 물류 등 다양한 분야와 영역에서 지속적인 혁신과 성장을 위해 열심히 실패하는 중이라 말하고 있습니다. 이러한 실패를 두려워한다면 혁신적일 수 없으며, 적극적인 의지가 있어야 한다고 말하고 있습니다.

[그림 7-9] 제프 베조스 Amazon CEO
(출처 : Google)

두 번째, 오해를 두려워하지 않고 발언하는 용기

혁신을 원하는 사람은 오해를 받는 것에 대해 두려움을 가지면 안됩니다. 무언가 새로운 것을 한다는 것은 반드시 비판이 따르게 되기 때문입니다. 여기서 중요한 사실은 그러한 비판이 정말 맞는 것인지를 확인하고 그것이 옳다면 자신이 바뀌면 되고, 그들에게 동의할 수 없다면 자신의 생각을 보다 확고하고 완고하게 할 수 있어야 한다고 말하고 있습니다.

세 번째, 아이 같은 마음을 가지고 세계에 대한 호기심을 잃지 않기

수천 번 반복되는 일이며 당연하게 생각되는 일이라도, 자신이 알아채지 못한 보다 나은 방법이 있는지 끊임없이 생각하고 고민하는 것이 매우 중요한 필수 요소라 말하고 있습니다.

실패에 맞서는 용기, 오해를 두려워하지 않는 용기, 아이와 같은 호기심을 잃지 않고 노력한다면 혁신을 통해 당신도 제2의 제프 베조스가 될 수도 있습니다.

EC2 삭제

본 실습에서 신규로 생성된 2대의 EC2에 대해 다음 절차에 따라 삭제를 진행합니다.

01 웹 브라우저를 열고 http://aws.
amazon.com에 접속 후 본인의 AWS
계정으로 로그인합니다. 왼쪽 상단 메
뉴의 [서비스] → [컴퓨팅] → [EC2]로
이동합니다. 메뉴의 [인스턴스]를 선택
한 후 삭제할 인스턴스를 클릭 후 [작
업] → [인스턴스 상태] → [종료] 버튼
을 클릭합니다.

02 확인 창에서 [예, 종료] 버튼을 클
릭 후 인스턴스 상태가 "terminated"로
변경됨을 확인합니다.

ELB 삭제

본 실습에서 생성된 ELB에 대해 다음 절차에 따라 삭제를 진행합니다.

01 웹 브라우저를 열고 http://aws.amazon.com에 접속 후 본인의 AWS 계정으로 로그인합니다. 왼쪽 상단 메뉴의 [서비스] → [컴퓨팅] → [EC2]로 이동합니다. 메뉴의 [로드 밸런서]를 선택한 후 삭제할 ELB를 선택 후 [작업] → [삭제] 버튼을 클릭합니다.

02 확인 창에서 [예, 삭제] 버튼을 클릭 후 ELB가 삭제됨을 확인합니다.

8장

가용성 높고 빠르게 확장 가능한 인프라 구성하기

Amazon Auto Scaling

1 〉 가용성(Availability)

가용성이란, 해당 시스템이나 서비스가 가동 및 실행되는 시간의 비율을 말합니다. 가용성이 높다는 것은 서비스의 가동률이 높다는 것을 의미하며, 이러한 가용성은 보통 '9'로 측정합니다.

예를 들어, 가용성 수준이 '세 개의 9(Three Nines)'인 서비스는 가동되어 실행되는 99.9%의 시간만큼 지원할 수 있다는 것을 말하며, 24×7×365(하루 24시간/일주일 7일/일년 365일)을 기준으로 했을 때 1년 동안 서비스 중지가 8.76시간이라는 것을 의미합니다.

[그림 8-1] 가용성(Availability)

다음은 인프라의 가용성 비용에 따른 서비스 가동 중지 시간을 정리한 내용입니다.

가용성 비율	가동 중지 시간(24시간 기준)
90%	876시간(36.5일)
95%	438시간(18.25일)
99%	87.6시간(3.65일)
99.9%	8.76시간
99.99%	52.56분
99.999%	5.256분

매우 중요한 업무 시스템이나 평상시 서비스 중지 및 다운타임을 가져갈 수 없는 시스템을 설계해야 하는 경우 인프라의 가용성을 극대화 할 수 있는 아키텍처로 인프라를 구성합니다. 이러한 시스템을 '고가용성 시스템'이라 말합니다. Amazon Web Services의 주요 서비스를 이용하면 손쉽게 '고가용성 시스템'을 설계하고 구현할 수 있습니다.

2 〉 확장성(Scalability)

확장성이란, 서비스나 응용프로그램이 증가하는 성능 요구에 맞게 향상될 수 있는 정도를 나타냅니다. 동시 접속자가 100명인 시스템이 있다고 가정할 때 특정 시즌이나 이벤트로 인해 동시 접속자가 10배에서 100배 이상 많이 접속하는 경우 확장성이 높은 시스템은 사용자 증가에 따라 시스템의 자원이나 리소스를 손쉽게 추가/삭제할 수 있습니다.

[그림 8-2] 확장성(Scalability)

이러한 확장성은 물리적 하드웨어 환경에서 스케일 업(Scale up)과 스케일 아웃(Scale out)이라는 두 가지의 확장성 전략을 이용하여 구현할 수 있습니다. 스케일 업은 단일 하드웨어에 대해 시스템 리소스(프로세서, 메모리, 디스크, 네트워크 어댑터 등)를 추가하거나 기존 하드웨어를 더욱 강력한 것으로 교체하는 작업이 포함되며, 스케일 아웃은 서버를 여러 대 추가하여 처리 능력을 향상시키는 방법입니다. AWS의 Auto Scaling은 클라우드의 이점을 살려 인프라의 증설/축소를 손쉽게 구현할 수 있어서 확장성 및 탄력성 높은 시스템을 구축할 수 있습니다.

3 〉 Amazon Auto Scaling

Amazon Auto Scaling은 Amazon Web Services에서 제공하는 서비스 중 가장 클라우드답다고 할 수 있습니다. 예를 들어, 전세계 게이머를 대상으로 신규 모바일 게임을 오픈하는 경우 이벤트와 홍보를 통해 많은 사용자가 동시에 접속하게 됩니다. 클라우드가 아니라 일반 H/W로 시스템을 구성한다면 사용자의 접속 예상 최대치를 산정하여 H/W를 구매해야 합니다. 비용적인 측면에서 보면 많은 초기 투자가 필요하며, 사용자가 줄어 들어 더 이상 많은 시스템이 필요하지 않더라도 구매했던 H/W를 다시 처분할 수 없습니다.

동일한 상황에서 Amazon Web Services의 Auto Scaling을 사용한다면 초기 H/W 구매나 투자는 필요하지 않습니다. 서비스 오픈 초기 서버의 사용자가 급증하면 Auto Scaling을 사용하여 인스턴스를 늘려 성능을 유지하고, 이용자가 줄어 평상시 상황이 유지되면 인스턴스를 자동으로 줄여 비용을 줄이는 효과를 볼 수 있습니다.

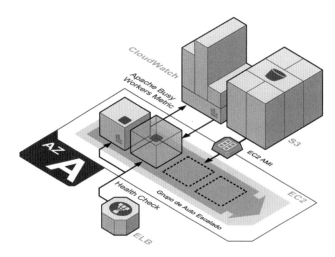

[그림 8-3] Amazon Auto scaling(출처 : Amazon)

이렇듯 Amazon Web Services Auto Scaling은 서버나 애플리케이션을 모니터링하고 리소스를 자동으로 조정(Scale In/Scale Out)하여, 최대한 저렴한 비용으로 안정적이고 예측 가능한 성능을 유지할 수 있습니다.

구분	내용
서비스명	Amazon Auto Scaling
설명	성능과 비용을 최적화하도록 애플리케이션 규모 조정
주요 특징	− Auto Scaling을 사용하면 애플리케이션 가용성을 간편하게 관리 − 사용자가 정의한 조건에 따라 EC2 용량이 자동으로 확장/축소 − 실행 중인 EC2 인스턴스의 수를 원하는 수준으로 유지 가능 − 수요가 급증할 경우 인스턴스의 수를 자동으로 증가(Scale In) − 수요가 적을 경우 자동으로 용량을 감소시켜 비용 낭비를 최소화(Scale Out) − 수요 변화가 많지 않은 애플리케이션과 사용량이 시, 일, 주 단위로 변하는 애플리케이션 모두에 알맞은 상품
프리티어 (Free Tier)	Auto Scaling의 사용은 무료이지만, AWS 리소스에 대한 비용과 Cloudwatch 비용은 발생됨

4 〉 Amazon Auto Scaling의 구성 요소

4-1 ▶ Amazon Auto Scaling 그룹

Amazon Auto Scaling 그룹은 인스턴스의 조정 및 관리 목적으로 구성된 논리적 그룹으로 Auto Scaling을 수행하는 인스턴스의 모음입니다. 예를 들어, B2B용 웹 사이트를 여러 인스턴스에서 서비스한다면 애플리케이션의 성능을 향상시키기 위해 Auto Scaling 그룹을 사용하여 지정된 조건에 따라 자동으로 인스턴스 수를 늘리거나, 비정상적으로 동작하는 경우 고정된 수의 인스턴스를 유지하거나, 비용 절감을 위해 인스턴스의 수를 자동으로 조정할 수 있습니다.

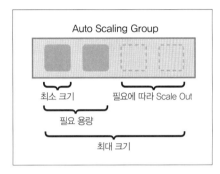

[그림 8-4] Amazon Auto Scaling Group

이러한 Auto Scaling 그룹은 인스턴스의 수를 조건에 따라 자동 조정 및 관리하는 Amazon Auto Scaling의 핵심 기능입니다.

4-2 ▶ 시작 구성

시작 구성은 Auto Scaling 그룹에서 인스턴스를 시작하는 데 사용하는 템플릿입니다. 시작 구성을 생성하는 경우 Amazon Machine Image(AMI), 인스턴스 유형, 키 페어, 하나 이상의 보안 그룹, EBS 등 인스턴스에 대한 정보를 지정합니다.

시작 구성은 여러 개의 Auto Scaling 그룹에 지정될 수 있으나, Auto Scaling 그룹은 하나의 시작 구성만을 지정할 수 있습니다. 또한 시작 구성은 한 번 생성한 이후에는 수정/변경할 수 없습니다. 따라서 시작 구성을 변경하여 Auto Scaling 그룹에 적용하고자 한다면, 시작 구성을 새롭게 생성하여 Auto Scaling 그룹을 업데이트 해야 합니다.

Auto Scaling 그룹 조정은 인스턴스의 수를 늘리거나 줄이는 기능입니다. 조정 작업은 이벤트와 함께 시작되거나, Auto Scaling 그룹의 인스턴스를 시작하거나 종료하도록 수행하는 조정 작업과 함께 수행됩니다.

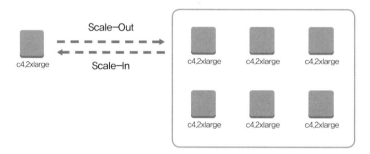

[그림 8-5] Amazon Auto Scaling(Scale In/Scale Out)

인스턴스의 조정 옵션은 다음과 같습니다.

- **현재 인스턴스 수준 유지 관리** : 최소 또는 항상 지정된 수의 인스턴스를 실행 유지 관리하도록 구성할 수 있습니다.
- **수동 조정** : Auto Scaling 그룹에서 최소, 최대 또는 원하는 용량의 변경 사항을 조정 변경할 수 있습니다.
- **일정을 기반으로 조정** : 예측 가능한 일정에 따라 수요가 증가하거나 감소하는 경우 일정에 따른 확장 및 축소 작업을 시간 및 날짜 함수를 통해 자동으로 수행되도록 구성할 수 있습니다.
- **온디맨드 기반 조정** : 리소스를 조정하는 가장 효과적인 방법으로 인스턴스의 CPU 사용률이 15분 동안 90% 유지될 때마다 인스턴스를 확장하도록 구성하는 정책을 생성할 수 있습니다. 이는 변화하는 조건에 따라 효과적으로 자원의 조정을 가능하게 합니다. CPU, 메모리 사용량, 네트워크의 대역폭이 일정 수준 이상인 경우 새로운 인스턴스를 시작하고, 네트워크 대역폭이 다시 내려가면 인스턴스를 종료하는 정책을 수립하여 적용할 수 있습니다. 이러한 모니터링 기반의 조정은 2개의(확장/축소) 정책을 통해 작업을 수행합니다.

5 〉 실습 : ELB(Elastic Load Balancing) 설정하기

Auto Scaling 서비스에 대한 동작 원리와 구성 방법을 확인하기 위한 실습입니다. 본 실습을
진행하기 위해 Auto Scaling에 사용될 ELB(Elastic Load Balancing)를 사전에 구성합니다. Auto
Scaling은 별도로 비용이 부과되지 않습니다. 다만 Auto Scaling에 사용되는 EC2와 ELB는 프리
티어(Free Tier) 범위 내에서 실습할 수 있습니다.

01 웹 브라우저를 열고 http://
aws.amazon.com에 접속 후 본인의
AWS 계정으로 로그인합니다. 왼쪽
상단 메뉴의 [서비스] → [EC2] →
[로드 밸런서]로 이동 후 [로드 밸런
서] 페이지에서 [로드 밸런서 생성]
버튼을 클릭합니다.

02 [로드 밸런스 유형 선택] 페이
지에서 "Classic Load Balancer"를
선택 후 [생성] 버튼을 클릭합니다.

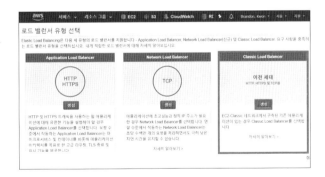

03 [로드 밸런스 정의] 페이지에서 다음과 같이 구성 후 [다음: 보안 그룹 할당] 버튼을 클릭합니다.

로드 밸런서 이름 : tutorial–AutoScaling–ELB
LB 생성할 VPC : tutorial–vpc

04 다음 페이지에서 Load Balance 처리할 퍼블릭 서브넷을 선택 후 [다음: 보안 그룹 할당] 버튼을 클릭합니다.

05 [보안 그룹 할당] 페이지에서 "Tutorial Security Group"을 선택 후 [다음: 보안 설정 구성] 버튼을 클릭합니다. [보안 설정 구성] 페이지에서 [다음: 상태 검사 구성] 버튼을 클릭합니다. [상태 검사 구성] 페이지에서 [다음: EC2 인스턴스 추가] 버튼을 클릭합니다.

06 [EC2 인스턴스 추가] 페이지에서 인스턴스를 추가하지 않고 Pass 후 [다음: 태그 추가] 버튼을 클릭합니다.

07 [태그 추가] 페이지에서 [검토 및 생성] 버튼을 클릭합니다.

08 [검토] 페이지에서 [생성] 버튼을 클릭합니다.

6 ⟩ 실습 : Auto Scaling 구성하기

Auto Scaling 구성을 위해 그룹을 생성하는 방법과 사용하게 될 인스턴스를 구성하는 방법, 구성
시 필요한 ELB, 자원 조정 정책 생성 방법에 대해 실습합니다.

01 [Auto Scaling 그룹]을 누른 후
[Auto Scaling 그룹 생성] 버튼을 클
릭합니다.

02 [Auto Scaling 그룹 생성] 페이지
에서 [시작하기] 버튼을 클릭합니다.

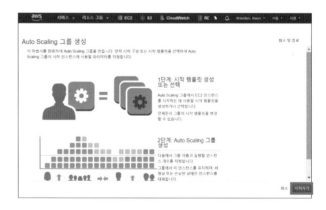

❸ [시작 구성 생성] 페이지에서 "Amazon Linux AMI 2018.03.0 (HVM), SSD Volume Type"을 선택하여 [선택] 버튼을 클릭합니다.

❹ [인스턴스 유형 선택] 페이지에서 "t2.micro"를 선택 후 [다음: 세부 정보 구성] 버튼을 클릭합니다.

❺ [시작 구성 생성] 페이지에서 [이름] 항목에 "AutoScaling"를 입력하고 [고급 세부 정보] 클릭 후 사용자 데이터에 다음의 정보를 입력합니다.

```
#!/bin/sh
yum -y install httpd php mysql php-mysql
chkconfig httpd on
etc/init.d/httpd start
cd /tmp
wget https://s3.ap-northeast-2.amazonaws.com/cftest20180909/autoscaling-source.zip
unzip autoscaling-source.zip
sudo mv *.php /var/www/html
```

블로그(blog.naver.com/saga111/221420854123)에서 소스를 복사 후 사용하세요.

06 [스토리지 추가] 페이지에서 [다음: 보안 그룹 구성] 버튼을 클릭합니다.

07 [보안 그룹 설정] 페이지에서 기존 보안 그룹을 체크한 후 이전에 생성한 "Tutorial Security Group"을 선택하고 [검토] 버튼을 클릭합니다.

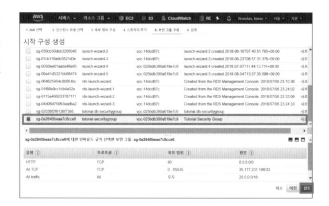

08 [검토] 페이지에서 [시작 구성 생성] 버튼을 클릭합니다.

09 [키 페어 선택] 페이지에서 "기존 키 페어 선택"을 선택 후 [시작 구성 생성] 버튼을 클릭합니다.

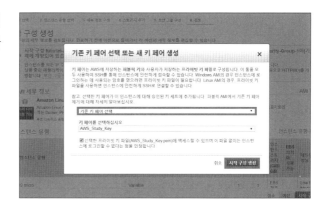

10 Auto Scaling의 [그룹 이름]을 "AutoScaling Group"이라고 입력하고, [네트워크]에서 tutorial-vpc를 선택하고 [서브넷]은 기존에 생성된 퍼블릭 서브넷을 선택합니다.

11 하단의 [고급 세부 정보]를 확장하여 "로드 밸런싱"을 체크하고, [클래식 로드 밸런서]에서 바로 전에 생성한 로드 밸런서를 선택 후 [다음: 조정 정책 구성] 버튼을 클릭합니다.

⑫ [Auto Scaling 그룹 생성] 페이지에서 "조정 정책을 사용하여 이 그룹의 용량 조정"을 체크 후 [다음: 알림 구성] 버튼을 클릭합니다.

⑬ [조정 범위]를 "1 및 3 개" 사이의 인스턴스로 하고 그룹 크기 증가에 대한 경보 설정을 위해 [새 경보 추가]를 클릭합니다.

⑭ [경보 생성] 페이지에서 다음과 같이 설정 후 [경보 생성] 버튼을 눌러 경보 생성 작업을 수행합니다.

알림 보낼 대상 : AutoScalingAlarm
수신자 : 본인 이메일 주소
다음 경우 항상 : Average/CPU 사용률
이>= 40%
최소 다음의 경우 : 1
연속 기간 : 1Minute

⓯ [작업 수행]이 "추가", "1", "인스턴스", "40" <= CPUUtilization < + 무제한임을 확인합니다.

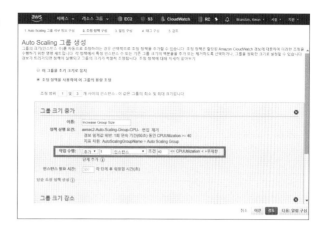

⓰ 하단으로 이동 후 [그룹 크기 감소] 설정에서 [새 경보 추가]를 클릭합니다.

⓱ [경보 생성] 페이지에서 다음 정보를 설정 후 [경보 생성] 버튼을 클릭합니다.

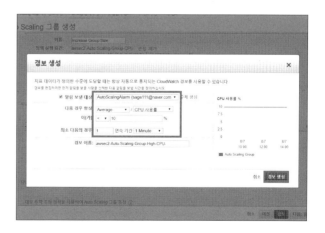

알림 보낼 대상 : 본인 이메일 주소로 알림 주제 선택
다음 경우 항상 : Average/CPU 사용률
이 < 10%
최소 다음의 경우 : 1
연속 기간 : 1Minute

⓲ [그룹 크기 감소]의 [작업 수행]
에서 감소 숫자를 "1"로 설정 후 [다
음: 알림 구성] 버튼을 클릭합니다.

⓳ [알림 구성] 페이지에서 [다음:
태그 구성] 버튼을 클릭합니다.

⓴ [태그 구성] 페이지에서 [검토]
버튼을 클릭합니다.

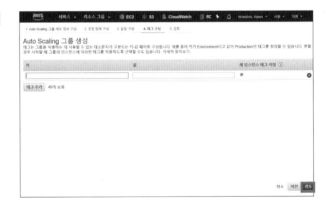

㉑ [검토] 페이지에서 [Auto Scaling 그룹 생성] 버튼을 클릭합니다.

㉒ Auto Scaling 그룹 생성 작업이 완료됩니다.

㉓ [Auto Scaling 그룹] 페이지로 이동 후 Auto Scaling 그룹 정책이 정상적으로 생성됨을 확인합니다.

㉔ [로드 밸런서] 페이지에서 ELB 를 선택하고 [상태 검사 편집] 버튼 을 클릭합니다.

㉕ Ping 경로를 변경 후 [저장] 버 튼을 클릭합니다.

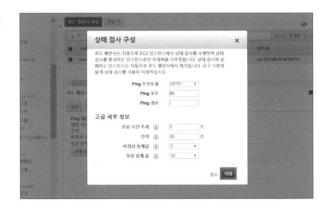

㉖ [로드밸런서] 페이지에서 DNS 정보를 확인 후 복사합니다.

27 ELB의 도메인으로 접속하여 페이지가 정상 로드됨을 확인합니다.

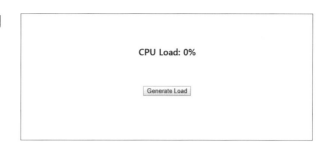

28 인스턴스 생성 300초 이후 [Generate Load] 버튼을 눌러 CPU의 부하가 100%로 증가함을 확인합니다.

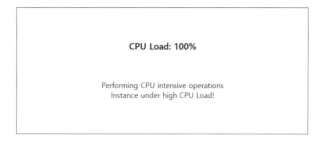

29 생성된 부하로 인해 Auto Scaling 그룹의 목표 용량이 2로 조정되면서 인스턴스가 생성되었습니다.

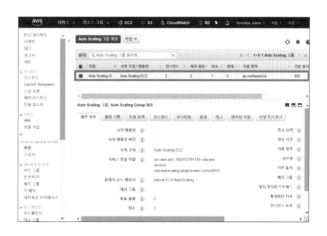

30 [인스턴스] 페이지에서 신규로 생성된 인스턴스를 확인할 수 있습니다.

7 > 에필로그(Epilogue) : 국민 게임 쿠키런과 오토스케일링

Amazon Web Services의 여러 서비스 중 개인적으로 클라우드의 장점을 가장 잘 설명할 수 있는 서비스를 Amazon Auto Scaling이라고 생각합니다.

2014년 Amazon Web Services가 국내시장에 소개되기 시작한 시점에 Amazon Web Services를 강하게 각인시켜준 사례가 있었습니다. 바로 국민 게임 '쿠키런의 Amazon Web Services 오토스케일링 활용 사례'입니다. 본 내용은 Amazon Web Services 관련 세미나와 다양한 매체를 통해 많이 소개되었고, 데브시스터즈(DEVSISTERS)의 홍성진 팀장이 세미나에서 언급한 내용으로 간략하게 소개합니다.

'쿠키런'은 데브시스터즈(DEVSISTERS)에서 제작한 스마트폰용 모바일 게임으로, 장르는 사이드 스크롤 러닝 액션이며, 2013년 4월 2일 〈쿠키런 for Kakao〉로 출시되었습니다.

[그림 8-6] 데브시스터즈 사의 〈쿠키런 for Kakao〉

5월 〈쿠키런 for Kakao〉는 구글 플레이 한국 1위를 달성하였고, 7월 가입자 수 1천만을 돌파하는 국민 게임이 되었습니다. 이후 2013년 대한민국 게임대상 게임 캐릭터 부문 수상과 더불어 개발사인 데브시스터즈는 2014년 10월 코스닥에 상장하게 됩니다. 이후 2016년 10월 후속작인 〈쿠키런: 오븐브레이크〉를 출시하여 지금도 많은 게이머에게 사랑을 받고 있는 국민 게임입니다.

이번에는 개발 관련 에피소드를 알아보겠습니다. 2013년 쿠키런 모바일 서비스 개발 초기, 기존 개발자의 퇴사로 인해 홍성진 팀장은 서버 개발자로 입사하면서 서버 개발 및 운영을 혼자 수행하게 되었습니다. 기존보다 효율적으로 서버 및 인프라에 대해 개발 및 운영을 하고 싶었으나, 이러한 상황에서 마땅한 대안을 찾기가 쉽지 않았습니다. 처음에는 IDC에 서버 입주를 고려하였으나, 1명의 인력으로 서버 입고 및 설치 관리에 어려움이 있었고, 초기 투자 비용 문제로 IDC는 검토 대상에서 제외되었습니다. 당시 국내에서 제공되는 클라우드 서비스 또한 검토를 진행하였으나, 서비스의 안정성 문제와 기능 부족으로 최종적으로 Amazon Web Services를 선택하게 되었습니다.

서비스 개발 당시 가장 중요하게 생각한 부분은 인프라에 대한 자동화였습니다. 이를 위해 인프라의 자동화 관리를 위한 서비스인 Amazon Cloudformation과 Chef를 활용하여 서버 생성 및 인프라 확장 증설을 자동화 하였고, 각종 이미지와 텍스처, 사운드 파일의 다운로드를 위해 S3를 사용하였습니다. 또한 게임 접속자가 많은 시간에는 사용량에 따라 서버의 수를 늘리고 다시 사용자가 거의 없는 새벽 시간대에는 서버 수를 줄일 수 있도록 Auto Scaling을 통해 인프라에 대한 자동화를 구현하였습니다.

[그림 8-7] 쿠키런의 Auto Scaling 적용사례(출처 : slideshare.net)

2013년 4월 2일 오픈 첫날 9만 명의 사용자가 가입하였고, 6일 째 되는 날 120만 명의 사용자가 가입하였습니다. 평일 기준 새벽 시간에는 4대, 피크 시간에는 30대까지 서버가 자동으로 조절 운영되었습니다. 또한 이후 사용자 증가에 따른 Database 이슈와 각종 장애 조치를 위해 다양한 Amazon Web Services의 서비스를 활용하여 인프라의 자동화 및 서비스의 안정화를 이루었습니다.

쿠키런의 사례와 같이 Auto Scaling 서비스는 사용량을 확정할 수 없고 이벤트나 서비스의 특성에 따라 사용량에 변화가 빈번하게 발생할 때 적합한 서비스입니다. 여러분도 이와 유사한 서비스에 대해 고민하고 있다면 주저하지 말고 Amazon Auto Scaling 서비스를 활용하길 강력 추천합니다.

ELB 삭제

본 실습에서 생성된 ELB에 대해 다음 절차에 따라 삭제를 진행합니다.

01 웹 브라우저를 열고 http://aws. amazon.com에 접속 후 본인의 AWS 계정으로 로그인합니다. 왼쪽 상단 메뉴의 [서비스] → [컴퓨팅] → [EC2]로 이동합니다. 메뉴의 [로드 밸런서]를 선택한 후 삭제할 ELB를 선택 후 [작업] → [삭제] 버튼을 클릭합니다.

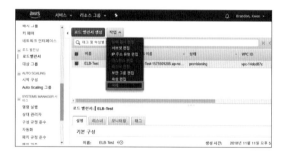

02 확인 창에서 [예, 삭제] 버튼을 클릭하여 ELB가 삭제됨을 확인합니다.

Auto Scaling 삭제

본 실습에서 생성된 Auto Scaling 그룹과 시작 구성에 대한 삭제를 진행합니다. Auto Scaling으로 생성된 EC2는 Auto Scaling 그룹 삭제 시 동시 삭제되므로 EC2 항목에서 별도로 삭제하지 않고 Auto Scaling 그룹 삭제를 진행하길 바랍니다.

01 웹 브라우저를 열고 http://aws.amazon.com에 접속 후 본인의 AWS 계정으로 로그인합니다. 왼쪽 상단 메뉴의 [서비스] → [컴퓨팅] → [EC2]로 이동합니다. 메뉴의 [Auto Scaling]을 선택하고 삭제할 Auto Scaling 그룹을 선택 후 [작업] → [삭제] 버튼을 클릭합니다.

02 [Auto Scaling 그룹]에서 Auto Scaling 그룹이 삭제됨을 확인합니다.

03 [시작 구성]에서 삭제할 시작 구성을 선택하고 [작업] → [시작 구성 삭제] 버튼을 클릭하여 시작 구성을 삭제합니다.

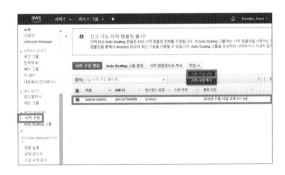

9장

CDN 서비스로 웹 사이트의 속도를 더욱 빠르게 하기

Amazon CloudFront

1 > CDN(Contents Delivery Network)

CDN은 Contents Delivery Network 또는 Content Distribution Network의 약자로 콘텐츠를 효율적으로 전달하기 위해 여러 노드를 가진 네트워크에 데이터를 저장하여 제공하는 시스템을 말합니다. 이러한 CDN을 통해 온라인 상의 대용량 콘텐츠를 저렴한 비용으로 빠르게 전송하도록 합니다. 주요 ISP(Internet Services Provider)의 CDN 서버에 콘텐츠를 분산시키고 유저의 네트워크 경로 상 가장 가까운 곳의 서버로부터 콘텐츠를 전송받도록 하여 트래픽이 특정 서버에 집중되지 않고 각 지역 서버로 분산되도록 하는 기술입니다.

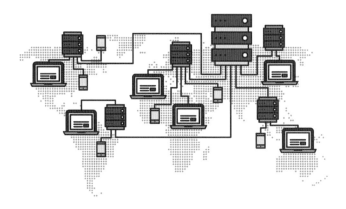

[그림 9-1] Contents Delivery Network

최근 우리나라 모바일 게임이 전세계적으로 서비스되고 있습니다. 전세계로 모바일 게임과 같은 서비스를 제공하기 위해서는 서버 인프라와 함께 게임을 위한 프로그램 및 게이머를 대상으로 데이터를 제공 가능한 환경이 필요합니다. 100MB~1GB 이상 많은 양의 파일과 데이터를 전세계로 제공하기 위해서는 CDN 서비스가 필수 사항입니다.

2 〉 CDN의 동작 원리

PC나 모바일 기기의 웹 브라우저에서 URL을 이용하여 웹 사이트에 접속을 시도하게 되면, 사용자에게 웹 페이지를 제공하기 위해 필요한 콘텐츠(HTML, 이미지, CSS, JavaScript 등)를 서버에 요청합니다. 대부분의 CDN 서비스는 콘텐츠에 대한 요청이 발생하게 되면 사용자(End-User)와 가장 가까운 위치에 배치된 CDN 서버로 사용자를 접속시키게 되며, CDN 서버는 요청된 파일의 캐싱된(사전 저장된) 콘텐츠를 사용자에게 전달하게 됩니다.

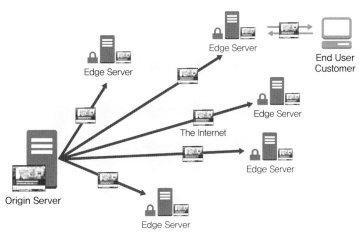

[그림 9-2] Contents Delivery Network 동작 원리

서버가 파일을 찾는데 실패했거나 콘텐츠가 너무 오래된 경우에는 오리진(원본) 서버에서 파일을 조회하여 사용자에게 전달하며, 이후 동일한 콘텐츠를 요청받게 되면 캐싱된 데이터에서 콘텐츠를 전송하므로 보다 빠르게 전달할 수 있습니다.

3 > CDN 캐싱 방식의 종류

CDN 캐싱 방식의 종류는 크게 Static Caching과 Dynamic Caching으로 나눌 수 있습니다. Static Caching은 사용자의 요청이 없어도 Origin Server에 있는 Contents를 운영자가 미리 Cache Services에 복사함으로써 사용자가 Cache 서버에 접속하여 Contents를 요청하면 Cache 서버가 콘텐츠를 전달하는 방식입니다. 국산 CDN 업체에서 주로 제공하는 서비스는 Pooq 동영상 서비스 및 넥슨, 엔씨소프트 게임 다운로드 등입니다.

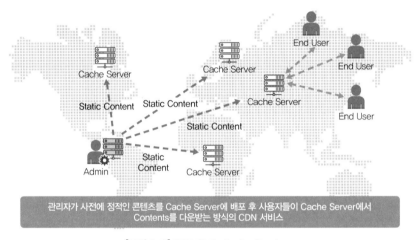

[그림 9-3] CDN Static Cache Services

Dynamic Caching은 최초에는 Cache 서버에 콘텐츠가 없으나, 사용자가 콘텐츠를 요청하면 Cache 서버에 콘텐츠가 있는지 여부를 확인합니다. 없으면 오리진(Origin) 서버에서 다운로드 받아 사용자에게 전달하고, 이후 동일 요청을 받게 되면 캐싱된 콘텐츠를 사용자에게 제공하게 됩니다. 콘텐츠는 일정시간(TTL)이 지나면 캐싱된 파일이 삭제될 수 있지만, 필요한 경우 다시 오리진 서버에서 콘텐츠를 확인 후 계속 가지고 있을 수 있습니다. Akamai, Amazon, CDNetworks 등과 같은 글로벌 CDN 업체에서 이 방식을 지원합니다.

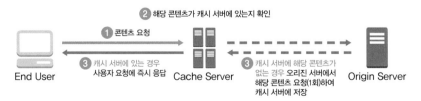

[그림 9-4] CDN Dynamic Cache Services

4 〉 Amazon CloudFront

Amazon CloudFront는 짧은 지연 시간과 빠른 전송 속도로 최종 사용자에게 데이터, 동영상, 애플리케이션 및 API를 안전하게 전송하는 글로벌 콘텐츠 전송 네트워크(CDN) 서비스입니다. CloudFront는 AWS와 통합되며, 여기에서 AWS에는 AWS 글로벌 인프라와 직접 연결된 물리적 위치뿐만 아니라 DDoS(Distributed Denial of Services)와 같은 외부 공격을 완화하는 AWS Shield, 애플리케이션의 오리진인 Amazon S3, 애플리케이션의 오리진으로의 Amazon EC2 또는 Elastic Load Balancing, 최종 사용자와 가까운 위치에서 사용자 정의 코드를 실행하도록 지원하는 Lambda@Edge 등의 서비스와 원활하게 연동되는 소프트웨어가 포함됩니다.

API, AWS Management Console, AWS CloudFormation, CLI 및 SDK와 같이 이미 익숙한 AWS 도구를 사용하여 몇 분 만에 CloudFront를 시작할 수 있습니다. CloudFront는 선결제 금액이나 장기 약정 없이 사용량에 따라 지불하는 간편한 요금 모델을 제공하며, CloudFront에 대한 지원은 기존 AWS Support 구독에 포함되어 있습니다.

구분	내용
서비스명	Amazon CloudFront
설명	고도로 프로그래밍 가능하고 안전한 콘텐츠 전송 네트워크(CDN)
주요 특징	– 정적/동적 콘텐츠 가속 서비스 – HTTP/HTTPS 서비스, Custom SSL 지원 – 커스텀 오류 응답 – 쿠키/헤더 오리진 서버 전달 – 다양한 통계 보고서 – 콘텐츠 보안 : Signed URL, Signed Cookie – API 호출 감사 : CloudTrail 연계 – 업로드 가속
프리티어 (Free Tier)	데이터 송신 50GB와 HTTP/S 요청 2백만 건

5 > CloudFront의 특징

5-1 Amazon CloudFront Global Edge 서비스

Amazon CloudFront는 글로벌 사용자를 대상으로 보다 적은 지연 시간으로 콘텐츠를 제공하기 위해 42개국 84개 도시에서 216개 CDN PoP의 글로벌 네트워크를 보유하고 있습니다. 전세계 모든 글로벌 CDN 서비스 밴더(Vender) 중 가장 빠르게 성장하고 있는 글로벌 CDN 서비스 제공자입니다.

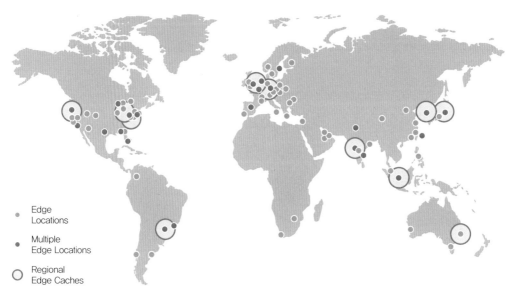

- ● Edge Locations
- ● Multiple Edge Locations
- ○ Regional Edge Caches

[그림 9-5] Amazon CloudFront 글로벌 인프라(출처 : aws.amazon.com)

5-2 Amazon CloudFront 연결 가능한 오리진(Origins) 서비스

Amazon CloudFront는 오리진으로 여러 AWS 리소스와 Custom 시스템 사용을 지원합니다. 예를 들어, Amazon S3 버킷(Bucket)이나 Amazon EC2 Instance, Elastic Load Balancer 또는 사용자 지정 오리진(다른 위치에서 서비스 중인 HTTP 웹 서버 등)을 지정할 수 있습니다.

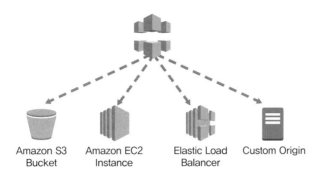

Amazon S3   Amazon EC2   Elastic Load   Custom Origin
Bucket   Instance   Balancer

[그림 9-6] Amazon CloudFront 연결 가능한 오리진(Origins)

5-3 CloudFront 콘텐츠 제공 방식

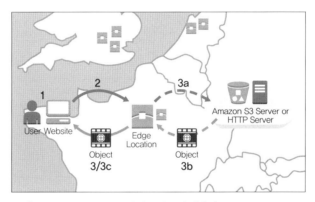

[그림 9-7] Amazon CloudFront 서비스 제공 방식(출처 : Amazon Web Services)

❶ 사용자가 웹 사이트 또는 애플리케이션에 액세스하고 이미지 파일 및 HTML 파일 같은 하나 이상의 객체를 요청합니다.

❷ DNS가 요청을 최적으로 서비스할 수 있는 CloudFront 엣지 로케이션으로 요청을 라우팅합니다. 이 위치는 일반적으로 지연 시간과 관련해 가장 가까운 CloudFront 엣지 로케이션이며, 요청을 해당 위치로 라우팅합니다.

❸ 엣지 로케이션에서 CloudFront는 해당 캐시에 요청된 파일이 있는지 확인합니다. 파일이 캐시에 있으면 CloudFront는 파일을 사용자에게 반환합니다. 파일이 캐시에 없으면 다음을 수행합니다.

- CloudFront는 배포의 사양과 요청을 비교하고 파일에 대한 요청을 해당 파일 형식에 적절한 오리진 서버 (예: 이미지 파일은 Amazon S3 버킷, HTML 파일은 HTTP 서버)로 전달합니다.
- 오리진 서버는 파일을 다시 CloudFront 엣지 로케이션으로 보냅니다.
- 오리진에서 첫 번째 바이트가 도착하면 CloudFront가 파일을 사용자에게 전달하기 시작합니다. CloudFront는 다른 사용자가 해당 파일을 요청할 때 엣지 로케이션의 캐시에 파일을 추가합니다.

6 〉 CloudFront의 주요 기능

6-1 정적 콘텐츠에 대한 캐싱 서비스와 비디오 스트리밍 서비스

CloudFront는 전세계를 대상으로 온디맨드 미디어 스트리밍 서비스를 제공할 수 있습니다. 온디맨드 스트리밍 서비스를 위해 CloudFront를 사용하면 MPEG DASH, Apple HLS, Microsoft Smooth Streaming, CMAF 등과 같은 일반적인 형식의 동영상 스트리밍 서비스를 제공할 수 있으며, Amazon Elemental Media Convert와 같은 서비스를 사용하여 라이브 스트리밍 서비스를 제공할 수 있습니다.

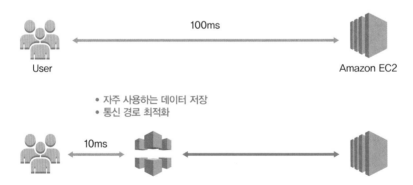

[그림 9-8] Amazon CloudFront 정적 콘텐츠 캐싱

정적인 콘텐츠(이미지, CSS, HTML, Javascript 등)에 대해 전송 속도를 높일 수 있도록 Amazon 글로벌 백본 네트워크와 Edge 서버를 활용하여 해당 웹 사이트에 방문하는 사용자에게 빠르고 안전한 환경을 제공할 수 있습니다.

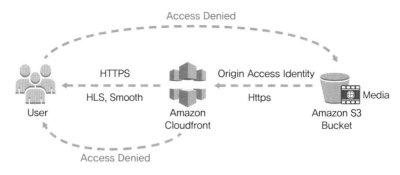

[그림 9-9] Amazon CloudFront 비디오 스트리밍 서비스

Amazon S3 버킷을 사용하여 정적 콘텐츠 서비스를 제공할 수 있으며, OAI(Origin Access ID)를 이용하여 콘텐츠에 대한 접근을 손쉽게 제한할 수 있습니다.

6-2 동적 콘텐츠에 대한 캐싱 서비스

CloudFront는 웹 사이트의 전체 서비스에 해당하는 이미지, 동영상 등의 정적 파일 외에도 동적인 파일에 대해서도 Caching할 수 있습니다. 이중 빈번하게 갱신되거나 동적인 업데이트가 필요한 페이지나 콘텐츠에 대해서도 TTL을 설정하여 캐싱을 지원합니다.

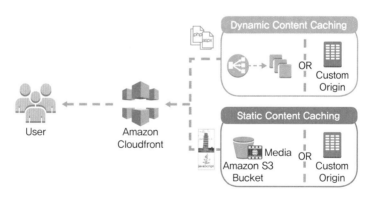

[그림 9-10] Amazon CloudFront 동적 콘텐츠 캐싱

다양한 보안 서비스

웹 사이트를 오픈하게 되면 해외의 불특정 다수 국가에서 사이트에 접속을 시도하거나 초당 몇 백 번 접속 시도를 통한 DDoS(Distributed Denial of Services) 공격을 받는다는 말을 자주 듣습니다. 이런 경우 CloudFront를 사용하는 것만으로 DDoS 공격을 차단할 수 있습니다. CloudFront 는 웹 서비스 및 콘텐츠에 대한 다양한 보안 서비스를 제공합니다.

- Amazon Shield(Layer 3/4 단계 보호)를 통한 DDoS 공격 차단(무료)
- Amazon CloudFront를 사용하면 기본으로 Amazon Shield를 사용하게 되며, 외부로부터 일반적인 공격 유형(Syn/UDP Floods, Reflection Attacks 등)에 대한 방어 및 자동 탐지/대응 지원
- Amazon WAF(Layer 7 단계 보호)를 통해 웹 트래픽 모니터링 및 차단(유료)
- AWS WAF는 CloudFront로부터 전달되는 HTTP/HTTPS 요청을 모니터링하여 웹 트래픽에 대해 모니터링 과 사용자 정의에 따른 규칙을 지정하여 웹 트래픽을 차단할 수 있는 웹 애플리케이션 방화벽 서비스 제공
- Signed URL/Cookie를 통한 콘텐츠 보호
- 인터넷을 통해 제공되는 콘텐츠에 대해 유료 사용자나, 특정 인증을 통과한 사용자에게만 콘텐츠를 제공 하기 위해 Amazon Signed URL/Cookie를 통해 프라이빗 콘텐츠에 대해서만 안전하게 접근할 수 있도 록 서비스 구성
- HTTPS Redirection과 SSL 인증서 연동 서비스
- CloudFront는 콘텐츠에 대한 보안을 위해 SSL을 통한 HTTPS 환경을 구성할 수 있으며, Customer의 SSL 인증서를 등록하거나, Amazon에서 제공하는 자체 SSL 서비스인 Amazon ACM(AWS Certificate Manager)과 연동하여 추가적인 SSL 인증서의 구매 비용 없이 무료로 제공하므로 ELB에서도 사용 가능하 며, 등록/업데이트 갱신은 모두 AWS 내부에서 무료 제공

6-4 **비용 최적화를 통한 비용 절감**

S3 bucket, EC2 Instance, Elastic Load Balancer와 같은 서비스를 사용하게 되면 사용자에게 데 이터를 전송하는 데 필요한 Network Out 비용을 지불하게 됩니다. 다만 Amazon CloudFront를 사용하게 되면 기존 S3 bucket, EC2 Instance, Elastic Load Balancer와 같은 서비스에서 사용자 에게 데이터를 전송할 때 지불되는 네트워크 Out에 대한 데이터 전송 비용을 지불하지 않으며, CloudFront 사용료에 대한 부분만 지불하게 됩니다.

이렇게 오리진이 Amazon 내에 있는 경우 네트워크 Out에 대한 비용을 지불하지 않게 되며, 기 존 네트워크 Out보다 저렴하게 제공됩니다. 이렇게 CloudFront를 사용함으로써 네트워크 사용 료에 대한 최적화를 통해 비용 절감이 가능합니다.

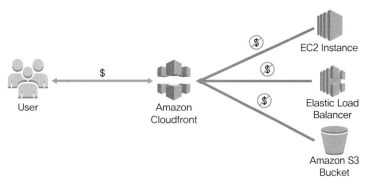

[그림 9-11] Amazon CloudFront 비용 최적화

7 > 실습 : Amazon S3 정적 웹 사이트 구성하기

Amazon CloudFront의 사용 방법을 배우기 위해 AWS S3에 업로드된 정적 웹 페이지와 CloudFront를 연결하는 방법을 실습해 봅니다. 또한 이전 웹 사이트 구성 시 사용된 ELB에 연결된 EC2에 대한 연동과 Route 53와 연동하여, Route53에서 생성된 도메인으로 웹 사이트 접속 시 CloudFront - ELB - EC2로 연결되는 실습을 진행합니다. 본 실습에 사용된 EC2는 앞에서 사용된 테스트 웹 사이트가 구성된 EC2를 사용할 예정이며, 실습 이후 EC2를 삭제하였다면, ELB 대신 EC2와 연결해도 됩니다.

01 웹 브라우저를 열고 http:// aws.amazon.com에 접속 후 본인의 AWS 계정으로 로그인합니다. 왼쪽 상단 메뉴의 [서비스] → [스토리지] → [S3]로 이동합니다.

02 [S3] 페이지에서 [버킷 만들기] 버튼을 클릭합니다.

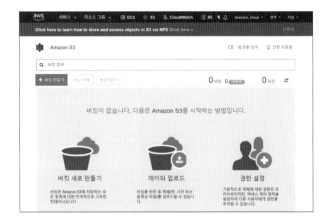

03 [버킷 이름]을 "cf20180909"로 입력한 뒤 [리전]을 "아시아 태평양 (서울)"으로 선택 후 [생성] 버튼을 클릭합니다.

04 생성된 버킷 폴더로 이동하여 [폴더 만들기] 버튼을 클릭 후 폴더 이름을 "CloudFront_test"로 입력하고 [저장] 버튼을 클릭합니다.

05 업로드를 위한 테스트 이미지 실습을 위해 필자의 블로그에서 첨부파일을 다운로드 받거나 이미지를 "다른 이름으로 저장"하여 실습에 사용합니다(https://blog.naver.com/saga111/221385730616).

06 생성된 폴더로 이동하여 [업로드] 버튼을 클릭 후 [파일 추가] 버튼을 눌러 다운로드 받은 이미지 파일을 선택하고 [다음] 버튼을 클릭합니다.

07 [권한 설정] 페이지에서 [퍼블릭 권한 관리] 항목의 "이 객체에 퍼블릭 읽기 액세스 권한을 부여함"을 선택 후 [업로드] 버튼을 클릭하여 파일을 업로드합니다.

08 해당 페이지에서 파일 선택 후 하단의 링크를 클릭하여 이미지가 정상적으로 웹 브라우저에서 출력되는지 확인합니다.

8 > 실습 : CloudFront 웹 배포 생성 후 S3와 연결하기

CloudFront 웹 배포를 생성하여 Amazon S3의 버킷과 연결한 후 S3에 업로드된 HTML 파일을
로드하여 CloudFront의 S3 연결 방법에 대해 프리티어(Free Tier)로 진행합니다.

01 왼쪽 상단 [서비스] → [네
트워크 및 콘텐츠 전송] →
[CloudFront]로 이동합니다.

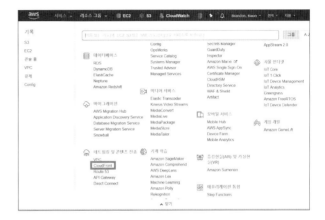

02 [Amazon CloudFront Getting
Started] 페이지에서 [Create Distri
bution] 버튼을 클릭합니다.

03 [Select a delivery method for
your content.] 페이지에서 [Web]
항목의 [Get Started] 버튼을 클릭합
니다.

04 [Create Distribution] 페이지
의 [Origin Settings] → [Origin
Domain Name]에서 이전에 생성한
S3 Bucket을 선택합니다.

05 [Default Cache Behavior
Settings]은 변경하지 않고 하단의
[Create Distribution] 버튼을 클릭
합니다.

옵션을 기본으로 설정하면 Cloud
front는 다음과 같이 동작합니다.

– Amazon CloudFront의 URL로 요청되는 모든 Request는 이전에 지정된 Amazon S3 Bucket으로 전달됩니다.
– 최종 사용자가 HTTP 또는 HTTPS를 모두 사용할 수 있습니다.
– Amazon CloudFront Edge Server는 24시간 동안 콘텐츠를 캐시합니다(기본값).
– 모든 사용자가 접속 가능합니다.

06 [CloudFront Distributions] 페
이지로 이동하면, CloudFront 웹
배포가 전세계 Edge 서버에 진행되
며 배포 진행에 대한 [Status] 값이
"In Progress"로 표시됩니다.

07 10~20분 이후 [CloudFront Distributions] 페이지에서 웹 배포의 [Status]가 "Deployed"로 표시됨을 확인하고 CloudFront의 접속 도메인을 확인 후 복사합니다.

08 CloudFront의 웹 페이지 접속을 확인하기 위해 다음과 같이 메모장에 HTML을 작성하고 본인의 CloudFront DNS를 확인 후 [CloudFront DNS] 항목에 입력 후 index.html 파일로 저장합니다.

```html
<html>
<head>My CloudFront Test</head>
<body>
<p>My text content goes here.</p>
<p> <img src="http://[Cloufront DNS]/CloudFront_test/grand-canyon-1245911.
jpg" alt="my test image"/>
</body>
</html>
```

09 다시 S2로 이동 후 이전에 생성된 Bucket의 루트 페이지에 [업로드] 버튼을 클릭 후 Index.html 파일을 추가하고 [다음] 버튼을 클릭합니다.

❿ [권한 설정] 페이지 [퍼블릭 권한 관리] 항목에서 "이 객체에 퍼블릭 읽기 액세스 권한 부여함"을 선택 후 [업로드] 버튼을 클릭합니다.

⓫ 웹 브라우저에 CloudFront에 등록된 DNS에 /index.html을 추가하여(http://dqpafquyt9pf8.CloudFront.net/index.html) 웹 페이지에 접속하여 정상적으로 웹 페이지와 이미지가 출력됨을 확인합니다.

⓬ 캐시 무효화 기능을 통한 콘텐츠 업데이트 S3에 업로드되었던 HTML을 다음과 같이 수정합니다. PC에서 파일 수정 후 기존에 업로드된 파일을 삭제하고 기존과 동일한 방식으로 업로드를 진행합니다.

```
<html>
<head>My CloudFront Test</head>
<body>
<p>My text content goes here.</p>
<p>I Love AWS</p>
<p> <img src="http://[Cloufront DNS]/CloudFront_test/grand-
canyon-1245911.jpg" alt="my test image"/>
</body>
</html>
```

⓭ 파일 업로드 진행 후 S3 속성의 링크를 클릭하여 업데이트된 내용이 반영된 웹 페이지가 정상적으로 로딩됨을 확인합니다.

⓮ CloudFront를 통해 웹 페이지 접속 시(http://dqpafquyt9pf8. CloudFront.net/index.html) 수정 부분이 정상적으로 반영되어 웹 페이지가 로딩되는지 확인하면 S3를 통해 접속했을 때와 다르게 이전 페이지가 캐시되어 출력됨을 확인할 수 있습니다.

⓯ 무효화(Invalidation) 기능을 통해 캐시를 삭제하기 위해 [CloudFront Distributions] 페이지로 접속 후 세부 정보를 클릭하여 [Invalidation] 탭의 [Create Invalidation] 버튼을 클릭합니다.

⓰ [Creative Invalidation] 페이지에서 삭제할 [Object Path] 항목에 "/index.html" 입력 후 [Invalidate] 버튼을 클릭합니다.

⓱ 무효화(Invalidation) 작업 등록하고 2~3분 후에 완료되었음을 확인할 수 있습니다.

⑱ 다시 CloudFront 웹 페이지를
호출하면 다음과 같이 수정된 내용
이 정상적으로 반영되었음을 확인
할 수 있습니다.

9 > 에필로그(Epilogue) : 스타워즈와 애플 그리고 CDN

초등학교 시절 "너의 꿈은 무엇이니?"라고 물어보면
언제나 답변은 "우주비행사"였습니다. 그 당시 즐겨
보던 만화영화의 주인공과 같이 우주를 누비며 악당
을 물리치는 것이야 말로 너무나도 멋져 보였기 때문
이었습니다. 지금 생각해보면 허무맹랑했지만, 21세
기가 되면 하늘에 자동차가 날아다니고, 우주선을 타
고 달나라를 갈 수 있을 것이라 기대했었습니다.

그런 의미에서 스타워즈 시리즈가 가장 좋아하는 영
화가 된 것은 우연은 아닌듯 합니다. '스타워즈'는 영
화 각본 작가이자 제작자 겸 감독인 조지 루카스의
9부작 스페이스 오페라 영화 시리즈로, 원래는 '에피
소드 4 : 새로운 희망'만을 스타워즈라고 불렀으나,
'에피소드 5 : 제국의 역습' 등의 후속작이 만들어지
면서 스타워즈 시리즈로 굳어지게 되었습니다.

[그림 9-12] 스타워즈 에피소드 1
(출처 : Google)

‘스타워즈 에피소드 1 : 보이지 않는 위험(Phantom Menace)’의 개봉은 IT 업계에 중요한 사건으로 기록되는 많은 기업에게 새로운 기회를 만들어준 영화로 기록되고 있습니다.

‘에피소드 1’은 1977년 ‘에피소드 6 – 제다이의 귀환(Return of the Jedi)’ 이후 20년 만에 만들어진 새로운 시리즈로 많은 영화광과 스타워즈에 굶주린 팬들을 흥분시키기에 충분했습니다.

당시 영화의 예고편을 보기 위해서는 본 영화 전에 상영되는 예고편을 시청하는 것이 유일한 방법이었습니다. 그래서 스타워즈 예고편을 보기 위해 표를 사서 스타워즈의 예고편을 보고, 본 영화가 시작되기 전에 자리를 뜨는 사람들이 많을 정도로 ‘스타워즈 에피소드 1’에 대한 팬들의 관심은 대단했습니다. 심지어 영화 예고편을 카메라로 찍어서 팬 사이트에 올리는 일까지 생겨났습니다. 이에 조지 루카스는 1998년 11월 2분 11초 짜리 첫 번째 영화 예고편을 온라인을 통해 배포하게 됩니다.

[그림 9-13] Starwars.com을 통해 공개된 첫 번째 예고편(출처 : Google)

이는 오늘날 영화 마케팅에서 매우 중요한 부분인 ‘예고편을 통한 영화 마케팅’의 시초가 되었으며, 인터넷 초창기 시절 ‘인터넷(Internet)의 성공 스토리’로 기록되었습니다.

첫 예고편을 공개할 당시 Real Media, Quick Time, AVI 파일로 배포되었습니다. 당시에는 동영상 포맷에 대한 표준이 만들어지기 전이었으며, 표준 선점을 위해 많은 업체가 경쟁 중인 상황이었습니다. 이후 6개월 뒤인 1999년 3월 조지 루카스는 2분 30초짜리 고화질의 두 번째 예고편을 Starwars.com을 통해 공개했는데, 이때는 애플의 Quick Time 포맷으로만 배포되었습니다.

이로 인해 첫날에 60만 회 다운로드가 발생하였고, 애플의 예고편 사이트(trailers.apple.com)를 통해 대량의 다운로드가 발생되었습니다. 이는 배포 24시간 만에 100만 회 다운로드, 3주 만에 600만 회 다운로드를 기록하며 당시 인터넷 역사상 가장 많은 다운로드로 기록됩니다.

이를 통해 애플의 Quick Time 포맷이 빠르게 확장되었으며, 애플의 예고 편사이트(trailers.apple.com)도 중요한 역할을 수행하게 됩니다.

[그림 9-14] Starwars.com을 통해 공개된 두 번째 예고편(출처 : Google)

또 하나의 IT 서비스가 영화 예고편 서비스에 중요한 역할을 하게 됩니다. 바로 CDN(Contents Delivery Network)입니다. 당시 예고편은 애플과 Starwars.com 외에 다른 많은 사이트에서도 제공되었습니다. 하지만 많은 접속 시도로 인해 파일을 다운로드 받을 수 없거나, 트래픽으로 인해 웹 사이트 접속 불가 상태까지 발생합니다. 하지만 애플과 Starwars.com 사이트에서만 파일이 정상적으로 다운로드가 가능하여 많은 사용자들이 몰리게 됩니다. 해당 사이트는 CDN 서비스를 활용하여 예고편을 제공했기 때문입니다.

이후 해당 CDN 업체는 많은 기업으로부터 서비스 도입에 대한 제안과 러브콜을 받게 되며, 많은 고객사를 확보하며 수익을 거두고 CDN 서비스를 활성화시키게 되는 계기를 만들게 됩니다. '스타워즈 에피소드 1 – 보이지 않는 위험(Phantom Menace)'은 1999년 5월 19일 개봉하여, 월드와이드 10억 불을 넘긴 작품이자 가장 대박을 터트린 작품이 됩니다.

S3 버킷 삭제

본 실습에서 사용된 S3에 보관된 정보 삭제는 S3의 버킷 삭제를 통해 전체 데이터 삭제가 가능합니다. 세부 절차는 다음과 같습니다.

01 웹 브라우저를 열고 http://aws. amazon.com에 접속 후 본인의 AWS 계정으로 로그인합니다. 왼쪽 상단 메뉴의 [서비스] → [스토리지] → [S3]로 이동합니다. 실습을 위해 생성한 버킷 (Bucket)을 선택 후 [버킷 삭제] 버튼을 클릭합니다.

02 삭제 확인을 위해 생성된 버킷의 이름을 입력하고 [확인] 버튼을 클릭하여 버킷을 삭제합니다.

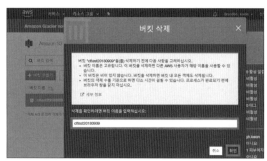

CloudFront 삭제

본 실습에서 생성된 CloudFront를 다음 절차에 따라 삭제를 진행합니다.

01 웹 브라우저를 열고 http://aws. amazon.com에 접속 후 본인의 AWS 계정으로 로그인합니다. 왼쪽 상단 메뉴의 [네트워킹 및 콘텐츠 전송] → [CloudFront]로 이동합니다. 메뉴의 [Distributions]에서 삭제할 CloudFront를 선택 후 [Disable] 버튼을 클릭합니다.

02 CloudFront의 Disable 완료 이후 삭제할 CloudFront를 선택하고 [Delete] 버튼을 클릭하여 CloudFront Distributions을 삭제 완료합니다.

10장

클라우드 자원과
리소스 관리하기

Amazon Identity and Access Management

1 > IAM(Identity & Access Management)

IAM이란, Identity & Access Management의 약자로 통합 계정 관리를 지칭하는 용어입니다. 전 산업에 걸쳐 IT 시스템 중요도와 사용자가 늘어남에 따라 전사적 리스크 및 IT 보안을 관리하고 컴플라이언스 이슈에 대한 요구사항을 해결하기 위해 기업 IT팀의 해결 과제도 지속적으로 증가하고 있습니다. 회사에서 사용자 ID와 계정 및 권한에 대한 관리가 느슨할 경우 이로 인해 기대 비용이 증가하고 리스크가 증가하여 사용자 환경은 악화될 수 있습니다.

[그림 10-1] IAM(Identity & Access Management)

IAM은 일반적인 환경과 SOA(Services-Oriented Architecture) 및 웹 서비스 환경에서도 IT 관리에 대한 통합적인 관리 방법을 제시하면서, ID 및 액세스 관리를 효과적으로 수행할 수 있도록 지원하는 솔루션이라 할 수 있습니다. 지속적으로 증가하는 내/외부 사용자의 사용자 계정을 생성, 수정 및 삭제하는 작업을 자동화하고, 메인프레임에서 웹 애플리케이션에 이르는 모든 범위의 전사적 시스템 상에서 감사 기능을 제공해 고객들의 비즈니스를 보다 안정적이고 효율적으로 지원합니다.

2 〉 계정 관리 시스템의 종류

계정 관리 시스템은 회사 내 시스템에 대한 계정 정보(아이디/비밀번호) 관리 및 시스템에 대한 통합 권한 관리 솔루션으로 SSO(Single Sign-On), EAM(Extranet Access Management), IAM(Identity Access Management)으로 분류할 수 있습니다.

구분	내용
SSO (Single-Sign-On)	– 한 번의 인증으로 다양한 시스템에 추가적인 인증없이 접속 가능하도록 하는 보안 솔루션 – 다수의 인증 절차 없이 1개의 계정으로 다양한 시스템 및 서비스에 접속 가능 – 사용자 편의성과 관리 비용 절감 가능
EAM (Extranet Access Management)	– 가트너 그룹에서 정의한 용어 – SSO, 사용자 인증 관리 및 애플리케이션, 데이터에 대한 접근 관리 기능 제공 – 보안 정책 기반의 단일 메커니즘을 이용한 솔루션
IAM (Identity Access Management)	– 계정 관리 전반 및 프로비저닝 기능을 포함한 포괄적인 의미의 계정 관리 솔루션 – EAM과 SSO 기능보다 포괄적으로 확장된 개념 – 고객의 요구를 반영한 기능 조합 및 확장 가능 – 업무 프로세스를 정의하고 관리하는 인프라 – 업무 효율성, 생산성, 보안성의 극대화를 통해 확실한 이익 창출을 보장하는 비즈니스 툴

3 〉 IAM 서비스

AWS IAM(Identity & Access Management)는 Amazon Web Services 리소스에 대한 액세스를 안전하게 관리할 수 있게 해주는 서비스로 AWS 사용자 및 그룹을 만들고 관리하며, 권한을 사용해 AWS 리소스에 대한 액세스를 허용 및 거부할 수 있습니다.

[그림 10-2] Amazon Identity & Access Management

암호나 액세스 키를 공유하지 않고도 AWS 계정의 리소스를 관리하고 사용할 수 있는 권한을 다른 사람에게 부여할 수 있으며, 리소스에 따라 여러 사람에게 권한을 부여하거나 특정 EC2 및 애플리케이션에서 실행 가능하도록 안전한 방법을 제공합니다. 또한 계정 보호를 위한 멀티 팩터 인증(MFA)을 통해 사용자 계정 및 암호에 추가적인 인증을 통한 계정 보호 기능을 제공합니다.

기업 네트워크나 인터넷 자격증명 공급자와의 연계를 통해 이미 다른 곳에 암호가 있는 사용자에게 AWS 계정에 대한 임시 액세스 권한을 부여할 수 있습니다. 이러한 다양한 인증 처리 기능과 강력한 보안 기능을 통해 AWS 내부 리소스에 대한 보호와 체계적인 자원 관리 기능을 제공합니다.

구분	내용
서비스명	Amazon Identity & Access Management(IAM)
설명	AWS 서비스 및 리소스에 대한 액세스를 안전하게 관리
주요 특징	– AWS Identity & Access Management(IAM)를 통해 사용자의 AWS 서비스와 리소스에 대한 액세스를 안전하게 통제 가능 – AWS 사용자 및 그룹을 만들고 관리하며, AWS 리소스에 대한 액세스 허용 및 거부 가능 – AWS를 안전하게 사용하기 위한 인증/허가 시스템 – AWS 사용자 인증 및 접근 정책 관리 – AWS 관리를 위한 그룹, 사용자 및 Role(역할) 생성 가능 – 그룹별 제한된 권한의 부여, 사용자별 인증 및 권한 부여 가능
프리티어 (Free Tier)	IAM 사용에 대해 비용이 발생하지 않음

4 > IAM의 주요 특징

4-1 IAM 사용자와 그룹의 정의

▨ IAM 사용자(User)

IAM 사용자란, AWS에서 생성하는 개체로 AWS와 서비스 및 리소스와 상호 작용하기 위해 그 개체를 사용하는 사람 또는 서비스를 말합니다. IAM 사용자는 필요에 따라 신규 생성/수정/삭제할 수 있으며, 하나의 AWS 계정에 최대 5,000개의 계정을 생성할 수 있고, 각 IAM 사용자는 오직 한 개의 AWS 계정만 연결됩니다.

[그림 10-3] IAM 사용자(User)

신규 생성된 IAM 사용자는 아무런 권한도 할당되지 않으며, AWS 작업을 수행하거나 AWS 리소스에 액세스할 수 있는 권한이 없습니다. 이후 필요한 AWS 리소스에 접근하기 위해 사용자 계정에 직접 권한을 할당하거나, IAM 그룹(Group), IAM 역할(Role)과 사용자 계정을 추가하여 권한 및 자격증명을 할당할 수 있습니다. 또한 개별 IAM 사용자에게 권한을 할당하여 이들이 AWS 리소스를 관리하고 다른 IAM 사용자까지 생성하고 관리하도록 구성할 수 있습니다.

▨ IAM 그룹(Group)

IAM 그룹은 IAM 사용자들의 집합입니다. 그룹을 활용하면 다수의 사용자들에 대한 권한을 지정함으로써 해당 사용자들에 대한 권한을 더 쉽게 관리할 수 있습니다.

[그림 10-4] IAM 그룹(Group)

예를 들어, Admins라는 그룹을 만들어 관리자에게 필요한 유형의 권한을 부여할 수 있습니다. 이 그룹에 할당된 권한이 이 그룹에 속하는 모든 사용자에게 자동으로 부여되며, 관리자 권한을 필요로 하는 새로운 사용자가 조직에 들어올 경우 해당 사용자를 이 그룹에 추가하여 적절한 권한을 할당할 수 있습니다. 또한 조직에서 직원의 업무가 바뀌면 해당 사용자의 권한을 편집하는 대신 이전 그룹에서 해당 사용자를 제거한 후 적절한 새 그룹에 추가하면 됩니다.

▨ IAM 역할(Role)

AWS에서 자격증명을 처리하거나 하지 못하도록 권한 및 정책을 보유하고 있다는 측면에서 IAM 역할(Role)은 IAM의 사용자와 유사합니다. 하지만 IAM의 역할은 한 사용자만 연결되지 않고 그 역할이 필요한 사용자 또는 그룹이면 누구든지 연결할 수 있도록 고안되었습니다.

[그림 10-5] IAM 역할(Role)

예를 들어, AWS 계정 사용자에게 리소스에 대한 액세스 권한을 부여하거나, 하나의 AWS 계정 사용자에게 다른 계정 리소스에 대한 액세스 권한을 부여해야 할 경우나, 모바일 앱에서 AWS 리소스를 사용할 수 있도록 하되 앱에 AWS 키를 내장(교체하기 어렵고 사용자가 추출할 가능성이 있음)하길 원치 않는 경우도 있습니다. 이러한 경우 IAM 역할을 사용하여 AWS 리소스에 대한 액세스 권한을 위임할 수 있습니다.

IAM은 AWS 내 리소스 및 자원 관리를 위한 사용자와 그룹의 생성 및 관리 기능을 통해 고유한 보안 자격증명을 생성할 수 있으며, AWS 서비스 API와 리소스에 대한 권한을 부여함으로써 AWS 서비스와 내부 리소스에 대해 강력한 보안을 통해 안전하게 리소스를 관리할 수 있습니다.

관리자 계정은 EC2에 대해 모든 작업이 가능한 권한을 보유하고 있기 때문에 [그림 10-6]과 같이 EC2에 대해 정지(Stop), 종료(Terminate)가 가능합니다. 하지만 EC2 권한이 없는 개발자 계정의 경우 EC2 인스턴스에 대해 정지/종료가 불가능합니다.

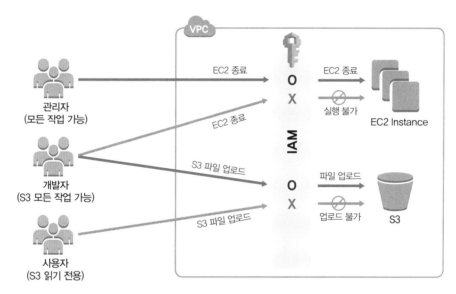

[그림 10-6] IAM 서비스 동작 방식

IAM은 사용자 계정을 통해 개별 AWS 리소스에 대해 세부적인 권한을 부여할 수 있습니다. IAM을 통해 제어할 수 있는 대상은 다음과 같습니다.

- AWS 리소스를 관리하기 위한 콘솔(Console)에 대한 접속 권한
- AWS 내부 리소스에 대한 접속 권한
- AWS 내 데이터에 대해 프로그래밍 방식(API)으로 접속하는데 필요한 권한

IAM의 자격증명 관리 기능

■ **IAM의 역할을 사용한 임시 자격증명 관리**

IT 서비스 중 영구적인 자격증명이 필요하지 않고, 일시적으로 임시 자격증명이 필요한 경우 IAM 역할을 사용하면 AWS 리소스에 대한 액세스 권한이 없는 사용자나 서비스에 임시적인 액세스 권한을 부여할 수 있습니다.

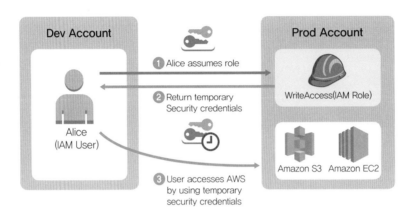

[그림 10-7] IAM 역할을 활용한 임시 자격증명 관리

IAM의 역할을 사용하는 주요 시나리오는 다음과 같습니다.

시나리오	내용
EC2 인스턴스의 애플리케이션에 권한 부여	Amazon EC2 인스턴스의 애플리케이션에 AWS 리소스에 대한 액세스 권한을 부여하려면 개발자는 각 인스턴스에 자격증명을 배포해야 할 수 있습니다. 애플리케이션이 이러한 자격증명을 사용해 Amazon S3 버킷 또는 Amazon DynamoDB 데이터 등의 리소스에 액세스할 수 있습니다.
교차 계정 액세스	개발 환경을 프로덕션 환경과 분리하는 등 리소스에 대한 액세스를 제어 또는 관리하려면 여러 AWS 계정이 필요할 수 있습니다. 하지만 간혹 한 계정의 사용자가 다른 계정의 리소스에 액세스해야 하는 경우도 있습니다.
AWS 서비스에 권한 부여	AWS 서비스가 사용자를 대신해 작업을 수행할 수 있으려면, 이러한 작업을 수행할 수 있는 권한을 해당 서비스에 부여해야 합니다. AWS IAM 역할을 사용하면 AWS 서비스가 사용자를 대신해 다른 AWS 서비스를 호출하거나, 사용자 계정에서 AWS 리소스를 생성하고 관리할 수 있는 권한을 부여할 수 있습니다.

▒ IAM 자격증명 관리 기능

IAM은 다음과 같은 유형의 자격증명 관리 기능을 제공합니다.

유형	내용
암호	AWS Management Console, AWS 토론 포럼 등 AWS 보안 페이지에 로그인하는 데 사용
액세스 키	AWS API, AWS CLI, AWS SDK 또는 Windows PowerShell용 AWS 도구에서 프로그래밍 방식으로 호출하는 데 사용
Amazon CloudFront 키 페어	CloudFront가 서명된 URL을 생성하는 데 사용
SSH 퍼블릭키	AWS CodeCommit 리포지토리를 인증하는 데 사용
X.509 인증서	부 AWS 서비스에 안전한 SOAP 프로토콜 요청을 수행하는 데 사용

▒ 타 인증 시스템과의 연동

AWS IAM의 Federation 서비스를 사용하면 AWS 리소스를 중앙에서 관리할 수 있습니다. Federation과 함께 SSO(Single Sign-On)를 사용하여 회사 내에서 사용하는 LDAP나 Active Directory와 연동 가능하며, 이를 통해 AWS 계정에 액세스할 수 있습니다.

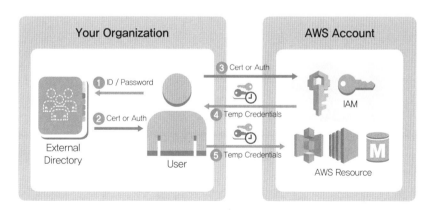

[그림 10-8] IAM 타 인증시스템과 연동

또한 Federation은 SAML(Security Assertion Markup Language 2.0)과 같은 개방형 표준 인증을 사용하여 ID 제공자(IdP)와 애플리케이션 간에 ID 및 암호를 교환합니다.

구분	내용
Federation을 사용하여 AWS 계정에 SSO(Single Sign-On)	– Federation 및 AWS IAM을 사용하여 AWS 계정에 SSO(Single Sign-On)를 사용하도록 설정 가능 – 사용자는 AWS 계정을 연합하여 회사 디렉터리의 자격증명을 사용하여 AWS 관리 콘솔 및 CLI(AWS 명령줄 인터페이스)에 로그인
웹 및 모바일 애플리케이션에 Federation 지원 추가	– Amazon Cognito를 사용하여 AWS Cloud에서 실행되는 웹 및 모바일 애플리케이션에 Federation 지원 추가 – Amazon Cognito를 사용하면 모바일 및 웹 애플리케이션에 사용자 등록 및 로그인을 쉽게 추가 가능 – Amazon Cognito를 사용하면 Facebook, Twitter 및 Amazon과 같은 소셜 ID 제공자를 통해 사용자를 인증하거나 사용자 고유의 ID 시스템을 사용하여 사용자 인증 가능
SAML 없이 AWS 리소스에 대한 SSO(Single Sign-On) 액세스 활성화	– AWS Directory Services for Microsoft Active Directory를 사용하여 AWS 클라우드에서 실행되는 Windows 애플리케이션에 SSO(Single Sign-On)를 사용하도록 설정 가능 – AWS Microsoft AD를 사용하여 사내 Microsoft Active Directory 도메인과 AWS 클라우드의 AWS Microsoft AD 도메인 사이에 보안 Windows 트러스트를 만들 수 있음 – 트러스트를 사용하여 SSO를 AWS 관리 콘솔 및 CLI(AWS 명령줄 인터페이스)로 설정하고 윈도우 서버용 Amazon EC2, SQL 서버용 Amazon RDS 및 Amazon Workspaces와 같은 윈도우 기반 워크로드 설정 가능

5 > 실습 : IAM User 및 Group 생성

Amazon IAM의 사용 방법을 배우기 위해 IAM User와 Group을 생성하고, 생성된 계정에 대해 Role 정책을 할당하는 방법에 대해 배웁니다. 또한 별도의 계정을 생성해서 접속 정보를 할당하여, 다른 사용자에게 전달하고, 전달된 계정으로 로그인하는 방법과 부여된 권한에 대해 확인과 교차 계정 설정 방법에 대해 실습합니다. 본 실습에 사용된 AWS IAM은 서비스 이용에 따른 추가 비용이 발생하지 않습니다.

01 웹 브라우저를 열고 http://aws.amazon.com에 접속 후 본인의 AWS 계정으로 로그인합니다. 왼쪽 상단 메뉴의 [서비스] → [보안 자격 증명 및 규정준수] → [IAM]로 이동합니다.

02 [IAM] 페이지에서 [그룹] 메뉴를 클릭합니다.

03 [그룹 관리] 페이지에서 그룹 생성을 위해 [새로운 그룹 생성] 버튼을 클릭합니다.

04 [그룹 이름 설정] 페이지에서 그룹 명을 "EC2ReadOnly"라 입력 후 [다음 단계] 버튼을 클릭합니다.

05 [정책 연결] 페이지에서 "AmazonEC2ReadOnlyAccess"을 선택 후 [다음 단계] 버튼을 클릭합니다.

06 [검토] 페이지에서 내용을 검토 후 [그룹 생성] 버튼을 클릭합니다.

07 IAM 그룹이 정상적으로 생성됨을 확인합니다.

08 사용자 생성을 위해 왼쪽 메뉴 중 [사용자]를 클릭합니다.

09 [사용자 관리] 페이지에서 [사용자 추가] 버튼을 클릭합니다.

10 [사용자 추가] 페이지에서 [사용자 이름]에 "AWS_User"라고 입력 후 [AWS 액세스 유형은] "AWS Management Console 액세스"를 체크합니다. [콘솔 비밀번호]를 "사용자 지정 비밀번호"로 선택 후 비밀번호를 입력합니다. 이후 [비밀번호 재설정] 필요 항목의 체크를 해지 후 [다음: 권한] 버튼을 클릭합니다.

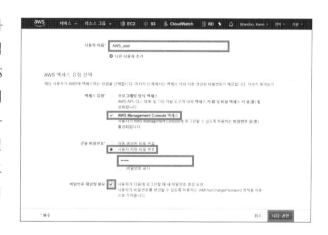

11 [사용자 추가] 페이지에서 [그룹에 사용자 추가] 버튼을 클릭 후 [그룹에 사용자 추가] 항목에서 이전에 생성한 "EC2ReadOnly" 그룹을 선택 후 [다음: 태그] 버튼 클릭 후 다음 페이지에서 [다음: 검토] 버튼을 클릭합니다.

⓬ [검토] 페이지에서 등록한 사용자 정보를 검토 후 [사용자 만들기] 버튼을 클릭합니다.

⓭ 사용자 계정이 정상적으로 생성되었음을 확인합니다.

⓮ 생성된 IAM User 정보 확인을 위해 [사용자] 페이지의 [보안 자격 증명] 항목을 클릭 후 "콘솔 로그인 링크" 정보를 복사합니다.

⑮ 기존 로그인 정보를 로그오프 하기 위해 상단 계정 정보에서 [로그아웃] 버튼을 클릭합니다.

⑯ 신규 생성된 IAM 계정의 콘솔 로그인 접속 URL을 웹 브라우저에 입력 후 IAM 사용자의 접속 정보 (ID/Password)를 입력 후 [로그인] 버튼을 클릭합니다.

⑰ [비밀번호 변경] 페이지에서 이전 비밀번호와 신규 비밀번호를 입력 후 [비밀번호 변경 확인] 버튼을 클릭합니다.

⓲ 상단 메뉴에서 [서비스] → [컴퓨팅] → [EC2]를 클릭합니다.

⓳ [인스턴스] 메뉴에서 기존에 생성된 EC2 정보를 확인할 수 있습니다.

⓴ 기존에 생성된 EC2를 선택 후 [작업] → [인스턴스 상태] → [종료]를 클릭합니다.

㉑ [인스턴스 종료] 페이지에서 [예, 종료] 버튼을 클릭합니다.

㉒ 해당 IAM 계정은 EC2 Read Only Access 권한만을 가지고 있으므로 다음과 같이 "인스턴스 종료 오류"가 표시되며 EC2 인스턴스가 삭제되지 않습니다.

㉓ 해당 EC2에 대해 종료 권한을 추가하기 위해서는 루트 계정으로 로그인 후 IAM 그룹에 EC2FullAccess 권한을 추가해야 합니다.

6 〉 실습 : IAM Role 생성 및 IAM Role 정책을 통한 EC2 권한 할당

IAM의 Role 정책에 대한 활용 방법을 배웁니다. EC2에 IAM Role을 활용하여 S3에 접근 권한을 부여하고 이를 통해 S3에 대한 접근 권한을 가지게 되는 내용을 실습합니다.

01 웹 브라우저를 열고 http:// aws.amazon.com에 접속 후 본인의 AWS 계정으로 로그인합니다. 왼쪽 상단 메뉴의 [서비스] → [보안 자격증명 및 규정준수] → [IAM]으로 이동합니다.

02 [IAM] 페이지에서 [역할]을 클릭합니다.

03 [역할] 페이지에서 [역할 만들기] 버튼을 클릭합니다.

04 [역할 만들기] 페이지에서 [신뢰할 수 있는 유형의 개체 선택] 항목에서 "AWS 서비스"를 선택 후 [이 역할을 사용할 서비스 선택] 항목에서 "EC2"를 선택 후 [다음: 권한] 버튼을 선택합니다.

05 [권한 정책 연결] 페이지의 [정책 필터]에서 "RDS"라고 입력 후 "AmazonRDSFullAccess"을 선택하고 [다음: 검토] 버튼을 클릭합니다.

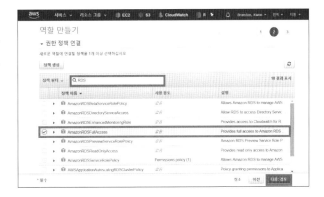

06 [검토] 페이지에서 [역할 이름]에 "IAMRole-DEV"라고 입력 후 [역할 만들기] 버튼을 클릭합니다.

07 [역할] 페이지에서 정책이 정상적으로 생성됨을 확인합니다.

08 역할 할당 및 테스트를 위해 [서비스] → [컴퓨팅] → [EC2]를 클릭합니다.

09 [인스턴스] 페이지에서 [인스턴스 시작] 버튼을 클릭합니다.

❿ [Amazon Machine Image(IAM) 선택] 페이지에서 "Amazon Linux 2 AMI(HVM)"를 선택합니다.

⓫ [인스턴스 유형 선택] 페이지에서 "t2.micro"를 선택 후 [다음: 인스턴스 세부 정보 구성] 버튼을 클릭합니다.

⓬ [인스턴스 세부 정보 구성] 페이지에서 [네트워크]는 "tutorial-vpc, [서브넷]은 "Tutorial Public", [퍼블릭 IP 자동 할당]은 "활성화"를 선택 후, [IAM 역할]에서 이전에 생성한 IAM Role인 "IAMRole-DEV"를 선택하고 [검토 및 시작] 버튼을 클릭합니다.

⓭ [인스턴스 시작 검토] 페이지에서 [시작] 버튼을 클릭합니다.

⓮ [키 페어 설정] 페이지에서 기존에 생성한 키 페어를 선택 후 [인스턴스 시작] 버튼을 클릭합니다.

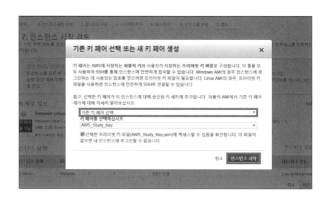

⓯ 생성된 인스턴스의 정보를 확인하고 퍼블릭 IP를 확인합니다.

⑯ Putty로 서버 접속 후 S3의 버킷에 대해 접속을 시도하면 다음과 같이 Access Denied 메시지를 받게 됩니다. 이는 EC2가 S3에 접근 권한이 없으므로 발생하는 문제입니다.

⑰ IAM Role에 S3 권한을 추가하기 위해 [IAM Role] 페이지로 이동합니다.

aws s3 ls s3://버킷명

⑱ [역할] 페이지에서 "IAMRole-DEV" 역할을 선택 후 상세 페이지로 이동합니다.

⑲ [역할] 상세 페이지에서 [정책 연결] 버튼을 클릭합니다.

⑳ [검색] 페이지에서 "S3"를 입력 후 "AmazonS3FullAccess"을 선택 후 [정책 연결] 버튼을 클릭합니다.

㉑ [역할] 상세 페이지에서 "Amazon S3FullAccess" 정책이 추가됨을 확인합니다.

㉒ IAM Role에 권한 추가 후 다음과 같이 S3에 접근 가능하게 됨을 확인할 수 있습니다.

7 > 에필로그(Epilogue) : Business Support가 필요한 이유

Amazon Web Services의 대부분은 Self로 수행할 수 있도록 만들어졌습니다. VPC를 이용하여 네트워크를 구성하고, EC2 인스턴스를 구성하여 웹 서버를 생성하고, 보안 그룹을 활용하여 방화벽 설정을 적용할 수 있습니다. 이러한 AWS 서비스를 구성하는 과정에서 원인을 알

[그림 10-9] AWS Support Center

수 없는 문제나 설정 방법에 대해 문의 사항이 생길 때 우리는 대부분 Google이나 네이버의 도움으로 문제를 해결하지만, 나에게 꼭 맞는 맞춤형 지원과 서비스를 받기는 어렵습니다. 이런 경우 Amazon Support Center를 통해 Amazon Web Services를 사용하면서 궁금한 사항이나 문제 해결을 위한 도움을 요청할 수 있습니다.

또한 Support Plan에 따라 다양한 형태로 지원을 받을 수 있습니다. 각 플랜별 지원 사항은 다음과 같습니다.

지원 항목 및 플랜	기본	개발자	비즈니스	엔터프라이즈
AWS Trusted Advisor	4개 항목	4개 항목	41개 항목	41개 항목
기술 지원 액세스	상태 확인 지원	이메일 지원 케이스 생성	전화, 채팅 이메일, 실시간 화면	전화, 채팅 이메일, 실시간 화면 TAM(24시간 무휴)
심각도/응답시간		보통〈12시간〉	긴급〈1시간〉	심각〈15분〉
아키텍처 지원				
모범사례 안내				
타사 소프트웨어 지원				포함
인프라 이벤트 관리				포함
담당자 직접 연결				포함
비용	Free	$29 또는 전체 사용료의 3%	$100 또는 전체 사용료의 10%	$15,000 또는 전체 사용료의 3%~10%

회사의 중요한 서비스를 AWS에서 운영한다면, Support Plan은 Business를 선택하는 것을 권장합니다. 이유는 Support Plan에 따라 문제 발생 시 공식적인 응대 시간과 기술 지원 액세스 방법이 다양하게 지원되기 때문입니다.

간단한 예를 들어보겠습니다. 당신이 운영하고 있는 서버가 원인을 알 수 없는 이유로 서버에 접속할 수 없게 된 경우 각 Support Plan별로 다음과 같은 상황으로 지원을 받을 수 있게 됩니다.

Support Plan	응대 시간	지원방법	비고
기본	24시간 이내	기술 문의 불가	
개발자	12시간 이내	Support Center에 Case 오픈 가능	
비즈니스	1시간 이내	담당 엔지니어와 유선 통화 및 채팅, 실시간 화면 공유를 통해 지원받을 수 있음	
엔터프라이즈	15분 이내	전담 TAM에게 내용을 전달하면 내부 담당자를 통해 24×7×365 지원 가능	

이와 같이 긴급한 장애에 대한 지원이나, 평상시 서비스 운영 중 필요한 지원을 원활하게 받기위해서 최소 Business Support 이상의 Support Plan을 선택하길 권장합니다.

EC2 삭제

본 실습에서 신규로 생성된 2대의 EC2에 대해 다음 절차에 따라 삭제를 진행합니다.

01 웹 브라우저를 열고 http://aws.amazon.com에 접속 후 본인의 AWS 계정으로 로그인합니다. 왼쪽 상단 메뉴의 [서비스] → [컴퓨팅] → [EC2]로 이동합니다. 메뉴의 [인스턴스]를 선택한 후 삭제할 인스턴스를 클릭 후 [작업] → [인스턴스 상태] → [종료] 버튼을 클릭합니다.

02 확인 창에서 [예, 종료] 버튼을 클릭 후 인스턴스 상태가 "terminated"로 변경됨을 확인합니다.

11장

알뜰하고 저렴하게
나만의 서버 만들기

Amazon Lightsail

1 > 호스팅(Hosting)

인터넷상에서 웹 서비스 제공을 위한 웹 사이트나 홈
페이지를 운영하기 위해 필요한 서버 장비, 인터넷
회선 등을 직접 구매하여 운영하지 않고, 서버를 임
대하거나 웹 서비스에 필요한 웹(WWW) 공간을 임
대(Hosting)하여 제공하는 서비스를 호스팅 서비스
(Hosting Services)라고 합니다.

[그림 11-1] 호스팅 서비스

일정 규모의 웹 페이지나 서비스가 필요한 경우라면
IDC와 같은 전산실에 전용 서버를 구성하여 서비스
를 제공하게 됩니다. 하지만 단독 서버를 운영하기 위해 직접 서버를 구매하고 시스템을 운영하
기 위한 시설 및 설비를 직접 운영/관리할 전문 인력이 없거나, 간단한 웹 서비스를 위한 용도라
면 별도의 전용 서버를 구입하는 것보다 서비스 목적에 따라 전용 서버를 빌리거나 웹 호스팅을
통해 보다 저렴한 비용으로 웹 사이트나 홈페이지, 워드프레스 서비스 등을 이용하는 것이 보다
효과적인 방법일 수 있습니다.

2 > 호스팅 서비스의 유형

호스팅 서비스는 사용하는 유형과 서버/회선 유형에 따라 다음과 같이 구분할 수 있습니다.

2-1 웹 호스팅

웹 서비스에 필요한 간단한 서비스를 저렴한 비용으로 사용할 수 있는, 여러 대의 웹 사이트를
한 서버에 공용 호스팅으로 이용하는 서비스입니다.

쉽게 관리가 가능하며 비교적 간단하다는 장점이 있지만, 오버 셀링에 취약한 편이며, 한 사람이 과도한 리소스를 사용하면 다른 사람도 영향을 받는 단점이 있습니다. 사무실 월세로 비유하자면, 인터넷상의 일정한 공간을 임대받아 사용하므로 조그마한 콘텐츠를 제공하기 위해 '회선+장비+기술 지원' 등을 제공받을 수 있기 때문입니다.

최근 이러한 웹 호스팅은 좀더 세밀하고 광범위하게 서비스 영역이 확대되고 있습니다. 단순하게 저장 공간만을 제공했던 서비스에서 보안, 매니지먼트(관리), 강화의 더욱 안정적인 서비스로 변화하고 있습니다. 이처럼 호스팅을 어떻게 발전시켜 나가는가에 따라 그 서비스 영역은 다양한 특성을 가지고 성장할 것으로 생각됩니다.

2-2 ▶ 메일 호스팅

메일을 사용할 수 있는 계정을 임대하는 서비스입니다. Gmail, gmail.com처럼 메일 주소가 정해져 있는 곳과 달리, 대부분은 사용자가 도메인을 직접 구매하고 연결하여 이메일을 만드는 식으로 제공됩니다. 흔히 포털 사이트에서 메일 계정을 제공받지만, 독립적인 도메인에 연결할 경우 메일 호스팅을 받게 됩니다.

메일 호스팅은 크게 두 가지로 나눌 수 있습니다. 웹 메일과 아웃룩 메일로 나눌 수 있는데 서비스 형태에 따라 가격이 다릅니다. 메일 호스팅은 웹 사이트가 개설되기 전이라도 메일을 발급받을 수 있으며, 특히 메일을 독자적으로 구축하기에 부담이 되는 중소 규모 업체와 개인이 이용하면 좋습니다. 백업 및 스팸 차단, 주기적인 패치 등 일정한 공간을 임대하는 것이므로 편리하게 이용할 수 있습니다.

2-3 ▶ 파일 서버 호스팅

흔히 HTML 코드 이미지 스크립트 프로그램 등이 웹 페이지에 소스로 뿌려지게 됩니다. 일반 웹 호스팅의 경우 OS별로 다양한 프로그램 구현 등이 가능하지만 이미지 호스팅은 특정한 파일, 이미지만 서비스 가능하도록 제공하고 있습니다. 이런 서비스는 웹 서비스를 위한 시스템이 필요하지 않고 이미지만 등록하면 상품을 팔 수 있는 옥션, 지마켓, 11번가 등과 같은 사이트가 생겨나면서 가능해졌습니다.

미디어 서버에 공간을 제공해 주는 스트리밍 호스팅과 유사하다고 할 수 있으며, 이런 서비스는 FTP는 제공되나 HTML, ASP, PHP, JSP 등이 지원되지 않습니다. 이미지에 대한 트래픽만 전문적으로 제공되므로 특정 페이지에 대한 트래픽을 감소하거나 프로모션 등 특별한 목적이 생길 때 전문적으로 이용하며, 활용 방법도 다양합니다.

2-4 쇼핑몰 호스팅

인터넷 전자상거래가 활성화되면서 쇼핑몰 호스팅이 증가하게 되었습니다. 쇼핑몰 호스팅은 쇼핑몰을 운영하는 데 있어 필요한 프로세스를 하나의 솔루션으로 구성하여 '솔루션 + 웹 호스팅'을 제공합니다. 쇼핑몰을 만들게 되면 웹 사이트가 있어야 하는데, 상품 등록, 검색, 주문, 결제, 배송, 장바구니, 고객지원, 문자발송 등 다양한 프로그램이 필요하게 됩니다. 독자적으로 제작하였을 경우 많은 비용이 소요되나 보편적인 프로그램으로 구현하여 쇼핑몰 성격에 맞는 사용여부 또는 디자인 변경 등을 통하여 비용 절감 및 제작 기간을 단축할 수 있습니다.

2-5 서버 호스팅

호스팅 업체에서 제공하는 서버를 임대/구매하는 방식으로 한 대의 서버를 통째로 빌리는 방법입니다. 홈페이지 방문자수가 아주 많거나 홈페이지 용량이 아주 많은 경우 생각해 볼 수 있으며, 서버 한 대를 자신의 홈페이지로 채워 넣기에 용량이나 트래픽을 넉넉하게 사용할 수 있습니다. 대신 서비스 비용이 비싸다는 단점이 있습니다.

▓ 전용 호스팅(Dedicated Hosting) − 서버+회선 임대 서비스

인터넷 서비스를 하기 위한 장비를 임대받아 서비스하는 개념입니다. 서버 임대는 서버+인터넷 회선이며, 일반 웹 호스팅은 서버 내의 일정한 공간을 임대해 주지만 서버 임대는 서버를 독자적으로 운영할 수 있는 모든 권한을 준다는 것입니다. 사용량에 따라 회선도 마음껏 조절할 수 있고, 서버 사양에 따라 가격이 각기 다르며 소유권을 이전하느냐 하지 않느냐에 따라 차이를 두기도 합니다. 모든 서비스가 그러하듯 별도의 부가서비스에 따라 다양하게 선택할 수 있고, 다수의 호스팅을 받고 있는 사용자가 서버 임대를 할 경우 가격을 절감할 수 있으며 다양하게 운영할 수 있습니다. 공통으로 운영되고 있는 서비스에서 트래픽 발생이 높다면 서버 임대 쪽을 생각해 보는 것이 필요합니다.

▨ 코로케이션(Colocation) – 회선＋상면 임대 서비스

코로케이션 서비스는 회선＋상면 서비스로 이해하면 쉽습니다. 인터넷 서비스에 필요한 각종 장비를 인터넷망에 연결해야 하는데, 이를 독자적으로 구성하기에는 전원, 회선, 방재 등 다양한 응급 환경을 대처할 수준으로 서버들만의 편안한 휴식처라 하는 인터넷 데이터 센터에 입주시켜 서비스 받는 형태를 말합니다. 소규모 사이트를 이용하기보다는 특화되고 전문적인 형태의 서비스의 경우 코로케이션 서비스를 이용하게 되는데, 고객이 인터넷 사이트나 서비스를 운영하는데 필요한 최적의 시설, 네트워크 접속, 관리 서비스를 제공하기도 합니다. 또한 IDC의 전용 공간, 인터넷 백본 연결, 관리 지원 서비스를 통해 자신의 서버와 네트워크 장비의 안정적인 운영을 보장받을 수 있습니다.

3 〉 트래픽(Traffic)

3-1 ▶ 트래픽

트래픽이란, 사이트 접속 시 방문자에게 전송되는 모든 데이터의 총량을 뜻하며, 웹 페이지(텍스트, 이미지)를 보거나 음악, 동영상 파일 재생 또는 다운로드 할 때 발생합니다. 용량 단위로 표현하지만 웹 공간(하드 디스크)이나 데이터베이스 공간을 나타내는 물리적 용량과는 조금 다른 개념입니다. 트래픽은 다음과 같이 계산합니다. 텍스트와 이미지로 이루어진 1MB 용량의 웹 페이지를 1,000명이 본다면 1,000MB(=1GB)의 트래픽이 발생합니다.

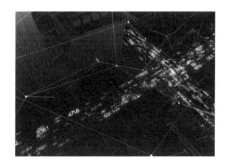

[그림 11-2] 네트워크 트래픽

일일 허용 트래픽 1GB 호스팅 상품을 사용한다면 호스팅 업체가 정한 제한 정책이 적용됩니다. 실제 하나의 사이트는 여러 개의 웹 페이지로 구성되고, 페이지당 용량도 각각 다르므로 이러한 단순 계산법 외에도 트래픽 용량을 결정짓는 다양한 요소가 있을 수 있습니다.

트래픽 제한 정책

웹 호스팅은 한 대의 서버를 여러 개의 공간으로 나누어 저렴한 비용으로 여러 명이 함께 사용하는 서비스입니다. 따라서 사용자 간에 지켜야 할 규범이 있으며, 그중 트래픽 사용량을 지키는 것이 최우선 요건이라 할 수 있습니다. 서버 한 대에 할당된 트래픽을 공정하게 분배하여 서버를 공동 사용하는 모든 사이트가 원활히 서비스될 수 있도록 관리하는 것이 호스팅 업체의 의무이며, 웹 호스팅 고객 역시 한 사이트의 과도한 트래픽이 타 사이트에 피해를 줄 수 있습니다.

3-3 **트래픽 초기화**

일반적인 웹 호스팅의 트래픽은 매일 자정(0시)에 자동 갱신되며, 트래픽 초과로 사이트 접속이 차단되어도 자정이 지나면 자동으로 다시 열립니다. 일일 허용 트래픽을 초과하지 않아 남은 용량이 있어도 다음 날로 넘기지 않고 소멸, 초기화됩니다. 그러나 트래픽이 초기화되기 전 약정된 일일 트래픽 전송량이 110%에 도달하면 사이트가 차단됩니다.

4 > Lightsail

Amazon Lightsail은 간단한 가상화 프라이빗 서버 (Virtual Private Server, 이하 VPS)가 필요한 개발자에게 웹 사이트와 웹 애플리케이션을 배포하고 관리하는 기능과 컴퓨팅, 스토리지, 네트워크를 제공합니다. Lightsail은 사용하기 쉬운 사용자 인터페이스를 갖추고 있으며, 비용이 효율적이고 빠르고 믿을 수 있는 가상 사설 호스팅 서비스를 제공합니다.

[그림 11-3] Amazon Lightsail
(출처 : Amazon)

몇 번의 클릭만으로도 SSD 기반의 스토리지 서비스와 DNS 관리 기능, 정적 IP 주소를 갖는 가상 서버를 만들 수 있으며, 원하는 운영체제(Amazon Linux AMI, Ubuntu, CentOS, FreeBSD, Debian), 개발 플랫폼(LAMP, LEMP, MEAN, or Node.js), 애플리케이션(Wordpress, Drupal, Joomla, Redmine, GitLab 등)을 선택할 수 있습니다. 또한 합리적인 데이터 전송량(Traffic)을 기반으로 저렴한 비용의 VPS 서비스를 제공합니다.

구분	내용
서비스명	Amazon Lightsail
설명	AWS에서 VPS(Virtual Private Server)를 시작하는 가장 쉽고 빠른 방법
주요 특징	– Compute, Storage, networking 모두 포함 – 완전히 사전 구성되어 있는 서버 – 저렴하고, 예측 가능한 요금 – 직관적이며, 다국적 언어를 지원하는 콘솔 – 손쉽게 서비스를 확장/축소 가능 – AWS Services 연동 가능 – 맞춤형 API와 CLI(Command Line Interface)
프리티어 (Free Tier)	Lightsail 사용 시작 첫 달(First month free) 무료 제공

5 › Lightsail의 특징

Amazon Lightsail은 가상 프라이빗 서버(VPS) 서비스를 필요로 하는 경우 가장 손쉽게 사용 가능한 Amazon Web Services의 서비스입니다. Lightsail은 프로젝트를 빠르게 시작하는 데 필요한 모든 서비스(가상 머신, SSD 기반 스토리지, 데이터 전송, DNS 관리, 고정 IP)를 포함하고 있습니다. 일반적인 경우 Amazon EC2 생성을 위해 여러 스텝과 절차를 거치게 되지만, Lightsail을 사용하면 몇 번의 클릭으로 손쉽게 서버를 생성할 수 있습니다.

Amazon EC2 생성 단계

[그림 11-4] Amazon Lightsail 서버 생성 절차

Lightsail은 몇몇 가상 프라이빗 서버와 간단한 관리 인터페이스를 선호하는 개발자에게 가장 적합한 서비스입니다. 소프트웨어나 프레임워크를 설치하는 시간을 줄일 수 있도록 Windows Platform 3종, Linux Platform 22종의 다양한 Lightsail 인스턴스 이미지를 제공합니다. 이를 통해 손쉽게 클라우드 리소스를 배포하고 관리할 수 있으며, 가상 머신이나 네트워크와 같은 클라우드 서비스를 실험하거나 학습하는 데 유용합니다.

[그림 11-5] Amazon Lightsail 주요 특징

서비스에 따라 사용량이 증가하면 SSD 기반의 블록 스토리지를 추가하고, 이를 Lightsail 인스턴스와 연결할 수 있습니다. 인스턴스와 디스크의 스냅샷을 통해 새로운 인스턴스를 손쉽게 만들고, Lightsail 인스턴스가 외부의 다른 AWS 계정과 VPC Peering을 통해 AWS의 다른 리소스와 연결하고 서비스를 확장할 수 있습니다.

또한 Lightsail 로드 밸런서를 생성하고 인스턴스를 연결하여 고가용성 애플리케이션을 구성할 수 있으며, 암호화된(HTTPS) 트래픽, 세션 지속성, 상태 확인, 안정성과 가용성이 높은 서비스를 제공할 수 있습니다.

6 > 사용 가능한 리전 및 가용 영역

Lightsail은 13개의 글로벌 리전과 38개의 가용 영역을 통해 웹 사이트 및 앱이 필요한 곳에 Lightsail 서버를 생성할 수 있습니다.

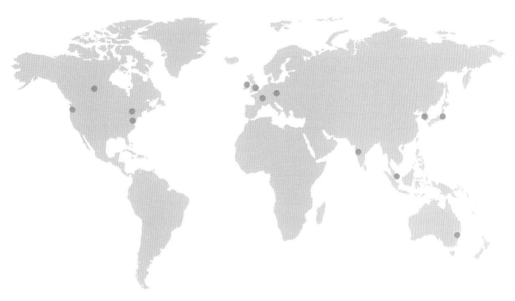

[그림 11-6] Amazon Lightsail 사용 가능 리전(Region)

처음 Lightsail 서버를 생성할 때 사용할 리전을 선택하게 되며, 리전에 따라 사용 가능한 가용 영역을 선택할 수 있습니다.

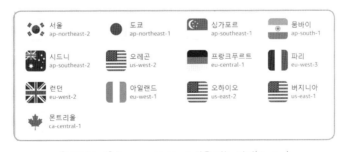

[그림 11-7] Amazon Lightsail 사용 가능 리전(Region)

가용 영역은 물리적으로 구분된 자체 독립 인프라에서 운영되는 데이터 센터를 모은 것으로 높은 안정성을 갖추도록 설계되었습니다. 발전기 및 냉각 장비 등에 발생하는 일반적인 장애 사항은 가용 영역 간에 공유되지 않습니다. 가용 영역 역시 물리적으로는 분리되어 있으므로, 화재, 토네이도, 홍수 등 극한의 재해 상황이 발생하더라도 단 하나의 가용 영역에만 영향을 미치게 될 뿐입니다.

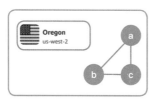

[그림 11-8] Amazon Lightsail 가용 영역(Availability Zone)

가용성 확보를 위해 로드 밸런스 서비스를 구성한다면 Lightsail 서버를 각각 다른 가용 영역에 구성할 수 있으며, 이를 통해 단일 위치에서 장애가 발생할 경우에도 애플리케이션을 보호할 수 있습니다.

7 › Lightsail 인스턴스 이미지

Amazon Lightsail은 소프트웨어나 프레임워크를 설치하는 시간을 줄일 수 있도록 Windows Platform 3종, Linux Platform 17종의 다양한 종류의 Lightsail 인스턴스 이미지를 제공합니다. Lightsail은 Linux/Unix 기반 또는 Windows 기반의 두 가지 플랫폼 중 원하는 이미지를 선택할 수 있습니다.

[그림 11-9] Amazon Lightsail 선택 가능한 인스턴스

8 > Lightsail 요금제

Lightsail은 저렴한 비용으로 고정된 양의 메모리(RAM)와 컴퓨팅(vCPU) 용량, SSD 기반 스토리지(디스크) 용량, 무료 데이터 전송 허용량을 보유한 가상 서버를 포함하여 제공합니다. 2018년 8월 새로운 요금제와 플랜을 발표함으로써 보다 저렴한 비용으로 Lightsail을 사용할 수 있게 되었습니다. Lightsail 요금제에서는 고정 IP 주소(계정당 5개)와 DNS 관리 기능(계정당 도메인 영역 3개)도 제공합니다. Lightsail 요금제는 사용 중인 요금제에 대한 요금만 지불하도록 온디맨드(On-Demand) 방식으로, 사용 시간을 기준으로 요금이 청구됩니다.

[그림 11-10] Amazon Lightsail 요금제

가장 작은 사양의 인스턴스인 Linux/Unix $3.5 요금제는 한 달이 아니라, 정확히는 시간당 $0.005 정도의 금액을 1달 기준 720시간으로 산정했을 때의 비용으로 720시간 × $0.005 = $3.6 정도의 비용이 발생됩니다. 만약 인스턴스를 일정 시간 동안 정지하거나 삭제하면 사용한 시간만큼만 비용이 청구됩니다.

Lightsail은 첫 달 무료 서비스를 제공합니다. Lightsail 요금제에 포함되는 서비스와 포함되지 않는 자세한 내용은 https://aws.amazon.com/ko/lightsail/faq/을 참조합니다.

Lightsail 요금제 포함 사항	Lightsail 요금제 미 포함 사항
• (Plan별) 컴퓨팅(vCPU) 용량 • (Plan별) 고정된 양의 메모리(RAM) • (Plan별) SSD 기반 스토리지 용량 • (Plan별) 무료 데이터 전송 허용량 • 계정당 5개 고정 IP 주소 • 계정당 도메인 영역 3개 • Lightsail 인증서 및 인증서 관리	• 월 기본 무료 데이터 허용량 초과 시 0.13 USD/GB(서울 리전 기준) • 스냅샷(인스턴스+디스크) 비용 GB당 $0.05 USD/월 • 1시간 이상 연결되지 않는 고정 IP $0.005 USD/시간당 • 월 3백만 개의 DNS 쿼리 초과 시 $0.4 USD/100만 쿼리 • 블록 스토리지 추가 GB당 $0.10 USD/월 • Lightsail 로드 밸런스 추가 요금 $18 USD/월

9 > 애플리케이션 확장성과 고가용성 지원

Amazon Lightsail은 프로젝트나 서비스의 규모가 커짐에 따라 블록 스토리지 추가, 로드 밸런서 활용, AWS Services와의 연동을 통해 사용자에게 확장성과 가용성이 높은 서비스를 제공할 수 있습니다.

구분	내용
Lightsail 블록 스토리지	– 99.99% 가용성을 제공하며 손쉽게 디스크 생성 및 연결 가능 – Lightsail CLI를 사용하여 애플리케이션 스토리지 구축 가능 – 지연 시간이 짧으며, 높은 성능 제공 – 몇 분 이내 최대 49TB까지 디스크 확장 또는 축소 가능 – 인스턴스당 최대 15개의 디스크 연결 및 데이터 암호화 지원
Lightsail 로드 밸런서	– 웹 트래픽 관리를 통해 애플리케이션 가용성 및 성능 강화 – 인증서 관리 기능으로 무료 SSL/TLS 인증서 서비스 제공 – 멀티 AZ 지원을 통해 고가용성의 애플리케이션 및 웹 서비스 제공 – 자동화된 상태 확인 기능을 통해 안정적으로 트래픽 배포 – 효율적인 비용, 예측 가능한 요금으로 제공 : $18 USD/월
AWS Services 연동	– VPC Peering을 통해 Amazon Web Services와 연동 가능 – 100개 이상의 AWS Services에 연결 및 연동 가능 – AWS Console에서 AWS 리소스들을 생성 및 관리

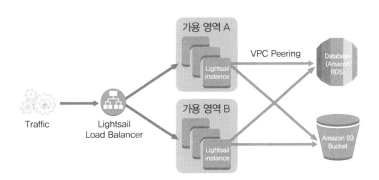

[그림 11-11] Amazon Lightsail 확장성과 고가용성

Lightsail의 블록 스토리지 추가, 로드 밸런스 구성, AWS Services와의 연계를 통해 고가용성 (High Availability) 애플리케이션을 손쉽게 구성할 수 있습니다.

10 > 실습 : Amazon Lightsail로 Wordpress 사이트 구축하기

Amazon Lightsail의 사용 방법을 배우기 위해 Lightsail을 활용하여 Wordpress를 기반으로 한 개인 블로그용 사이트를 구성해 보겠습니다. 본 실습에 사용되는 Lightsail은 Linux/Unix 플랫폼에서 제공되는 Wordpress 인스턴스 이미지를 활용할 예정이며, $3.5/월의 이용 요금이 발생합니다. 첫 달 서비스는 무료이기 때문에 실습용으로 이용 후 삭제하면 무료로 서비스 이용이 가능합니다. 첫 달 이후에는 Lightsail 이용 요금이 발생할 수 있습니다.

01 웹 브라우저를 열고 http://aws.amazon.com에 접속 후 본인의 AWS 계정으로 로그인합니다. 왼쪽 상단 메뉴의 [서비스] → [컴퓨팅] → [Lightsail]로 이동합니다.

02 [Lightsail 콘솔] 페이지에서 [인스턴스 생성] 버튼을 클릭합니다.

③ [인스턴스 이미지 선택]에서 "Linux/Unix"를 선택 후 [블루프린트 선택]의 "앱+OS"를 선택하고 "WordPress"를 선택합니다.

④ [인스턴스 계획 선택]에서 "$3.50 USD"를 선택 후 Lightsail 인스턴스 이름을 입력 후 [생성] 버튼을 클릭합니다.

⑤ [Lightsail 인스턴스] 페이지에서 WordPress 인스턴스가 정상적으로 생성됨을 확인하고 [WordPress-512MB-Seoul-1]을 클릭하여 인스턴스 상세 페이지로 이동합니다.

06 상세 페이지에서 퍼블릭 IP를 복사합니다.

07 바로 전에 생성된 WordPress에 접속하기 위해 퍼블릭 IP를 웹 브라우저를 통해 접속합니다. 그리고 관리 페이지 접속을 위해 오른쪽 하단의 [Manage] 버튼을 클릭합니다.

08 Wordpress 관리 페이지 접속을 위해 아래 항목의 URL로 이동 후 비밀번호 확인 방법을 조회할 수 있습니다. Lightsail 콘솔에 접속하여 비밀번호 확인을 위해 Lightsail 관리 콘솔로 이동합니다.

09 [Lightsail 인스턴스] 페이지에서 [SSH를 사용하여 연결] 버튼을 클릭합니다.

10 [SSH 콘솔] 페이지에서 "cat bitnami_application_password"를 입력하여 초기 비밀번호를 확인합니다.

11 http://Lightsail퍼블릭IP/login으로 웹 브라우저로 접속 후 [Username]에 "User" [Password]에 바로 전 확인한 초기 비밀번호를 입력 후 관리 페이지에 접속합니다.

⑫ WordPress 관리 페이지에 접속할 수 있으며, 필요한 설정과 구성을 변경할 수 있습니다.

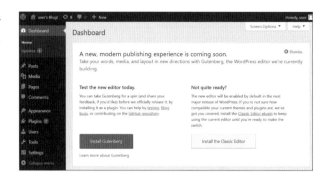

11 > 실습 : AWS Lightsail과 DNS 연결하기

① Amazon Lightsail 관리 콘솔 홈페이지에 접속 후 [네트워킹]을 클릭합니다.

② [네트워킹] 페이지에서 [고정IP 생성] 버튼을 클릭합니다.

03 [인스턴스 연결]에서 이전에 생성한 Lightsail 인스턴스를 선택 후 [생성] 버튼을 클릭합니다.

04 인스턴스에 퍼블릭 고정 IP 주소가 연결됨을 확인합니다.

05 [Lightsail] 홈으로 이동 후 [네트워킹] 페이지에서 [DNS 영역 생성] 버튼을 클릭합니다.

06 등록한 도메인 입력 항목에 6장 실습 시 사용한 도메인을 [등록한 도메인 입력]에 입력 후 [DNS 영역 생성] 버튼을 클릭합니다. 단, DNS 영역 생성 작업을 수행하기 위해서는 Amazon Route 53에 Hostzone 이 생성되어 있어야 합니다. 본 실습에서는 이전 Route 53 실습 시 사용된 도메인을 사용할 예정이며, 생성 작업을 진행하지 않은 경우라면

Route 53 실습 부분을 참조하여, DNS Hostzone 생성 후 진행합니다.

07 [DNS 레코드]에서 [레코드 추가] 버튼을 클릭합니다.

08 [DNS 타입]은 "A 레코드"를 선택하고 [하위 도메인]에 "blog"를 입력합니다. [IP 입력]에서 이전에 생성된 Lightsail 인스턴스를 선택 후 오른쪽 상단의 [추가] 버튼을 클릭합니다.

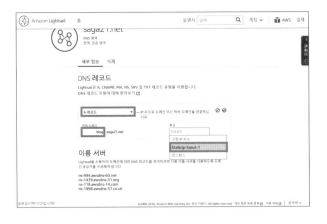

09 등록된 서버 정보를 Amazon Route 53에 등록하기 위해서 [이름 서버] 정보를 복사 후 오른쪽 상단의 [AWS] 버튼을 눌러 AWS Console로 이동합니다.

10 DNS 정보 업데이트 위해 [서비스] → [네트워킹 및 콘텐츠 전송] → [Route 53]으로 이동합니다.

11 [Route 53 Dashboard] 페이지에서 [Hosted zones]을 클릭합니다.

⓬ 이전에 추가된 "Hosted Zone"
을 클릭합니다.

⓭ Lightsail에서 생성한 DNS 정보
를 추가하기 위해 [Route 53 Hosted
zones] 페이지에서 [Create Record
Set] 버튼을 클릭합니다.

⓮ Create Record Set에서 [Name]
에 "blog", [Type]에 "NS-Name
Server", [Value]에 이전 페이지에서
복사했던 Name Server 정보를 추가
후 하단의 [Create] 버튼을 클릭합
니다.

⑮ DNS 정보를 입력하여 Word press 페이지가 정상적으로 접속됨을 확인합니다.

12 ＞ 에필로그(Epilogue) : RPG 게임에서 배우는 인생이야기

지금과 같은 스마트폰이 없던 시절 동네 오락실은 심심함을 달랠 수 있는 유일한 놀이터였습니다. 겔러그, 원더보이, 뽀글뽀글 등 다양한 게임을 50원에 1판씩 할 수 있었고, 겔러그 1판으로 몇시간 동안 죽지 않고 계속하고 있으면 주인 할아버지가 50원을 다시 돌려 주셨고, 다른 아이들을 위해 양보해야 하는 경우도 있었습니다.

[그림 11-12] 젤다의 전설(출처 : Google)

이런 시절 친구 집에서 처음 접해본 RPG 게임은 신선한 충격을 안겨주었습니다. RPG 게임 주인공은 처음에는 보잘 것 없지만 점차 시간이 흘러 능력도 키우고, 무기도 얻고, 고난과 역경을 이겨냅니다. 결국 주인공은 악당을 물리치고, 어여쁜 공주를 구하며 게임은 해피엔딩으로 마무리 됩니다. 이런 RPG 게임을 Play하면서 스토리에 푹 빠졌었던 시절이 아직도 기억에 남습니다.

'우리의 인생도 RPG 게임과 다르지 않다'고 생각합니다. 목표를 달성하기 위해 노력하고, 능력 배양을 위해 스킬을 갈고 닦으며, 다양한 경험을 통한 문제 해결 능력을 키우고, 동료와의 협업을 통해 어려운 일들을 함께 극복해가는 모습이 RPG 게임의 주인공과 같다고 생각합니다.

어떤 부분에서 공통점이 있는지 간략하게 정리해 보겠습니다.

첫 번째, 레벨업(Level Up)을 통한 능력을 배양할 수 있습니다.

RPG 게임에서 레벨업(Level Up)을 하기 위해 몬스터를 사냥하거나, 전투를 통해 경험치를 쌓고, 아이템을 얻어서 자신의 능력을 키웁니다. 또한 가끔은 잡기 어려운 몬스터를 처치함으로써 보다 많은 경험치를 얻을 수 있게 됩니다.

우리 인생도 다르지 않습니다. 평소 업무를 통해 경험치를 쌓을 수 있지만, 개인의 성장과 발전을 위해 도전이 필요합니다. 만일 당신이 레벨업(Level Up)을 원한다면 도전하십시오. 그러면 당신을 성장할 수 있습니다.

두 번째, 나를 돕고 나와 함께 어려움을 헤쳐 나갈 동료를 만듭니다.

RPG 게임에서 동료와 협업은 매우 중요합니다. 만약 공격형 전사라면 원거리의 적을 대신 공격해주거나, 후방에서 나의 에너지를 채워줄 힐러(Healer)가 필요합니다.

우리 인생도 나와 함께 어려움을 헤쳐 나가며, 나와 공감할 수 있는 든든한 동료가 있다면, 힘들어도 어려워도 헤쳐 나갈 수 있습니다. 언제나 나와 함께 할 동료를 만드십시오.

세 번째, 새로운 기술과 스킬을 조합하여 나만의 기술을 만듭니다.

RPG 게임의 캐릭터를 선택할 때 내가 선호하는 직업과 기술 조합을 선택하게 됩니다. 이를 통해 본인의 주력 분야와 자신만의 영역을 만들어야 합니다. 만일 여러분이 길드(Guild)나 파티(Party)에서 다른 사람들과 함께 게임을 한다면, 나만의 특화된 영역과 스킬을 만들어야 합니다.

우리 인생도 마찬가지입니다. 나의 장점을 최대한 활용하여 나만의 무기를 만드십시오. 그것이 곧 당신의 경쟁력입니다.

네 번째, 퀘스트(Quest) 수행을 통해 경험치를 쌓습니다.

RPG 게임에서는 주인공이 퀘스트를 통해 마을 또는 던전을 돌아다니다가 NPC(Non-Player Character)를 통해 어떤 부탁을 받아 대신 수행함으로써 특정 아이템을 얻거나 레벨업을 할 수 있습니다.

인생을 살다 보면 다른 사람을 돕거나, 본인은 원하지 않지만 수행해야 하는 일이 많이 있습니다. 이러한 일을 통해 다양한 경험과 사람들과의 친분 관계를 쌓으면 인생을 보다 풍요롭게 할 수 있습니다.

다섯 번째, 보스(Boss)전을 통해 목표에 달성합니다.

RPG 게임에서 보스와의 전투는 항상 어렵고, 많은 시간을 필요로 합니다. 만일 당신이 보스와의 전투에서 포기한다면, 절대 다음 단계로 넘어갈 수 없습니다.

우리 인생도 최종 목표를 정하고 목표를 달성하기 위해 많은 노력과 땀과 희생을 필요로 합니다. 이러한 노력과 희생 없이는 절대 가치있는 것을 얻을 수 없으며, 언제나 제자리에 머무를 수밖에 없습니다. RPG 게임에서 최종 보스를 잡고 나면 보다 많은 경험치와 각종 아이템을 얻게 됩니다. 그리고 당신은 더 높은 다음 단계로 올라갈 수 있습니다. 노력하십시오. 결국 당신이 노력한 만큼 당신에게 돌아갑니다.

Lightsail 삭제

본 실습에서 신규로 생성된 Lightsail 서버 한 대를 다음 절차에 따라 삭제를 진행합니다.

01 웹 브라우저를 열고 http://aws. amazon.com에 접속 후 본인의 AWS 계정으로 로그인합니다. 왼쪽 상단 메뉴의 [서비스] → [컴퓨팅] → [Lightsail]를 클릭하여 Lightsail 콘솔로 이동합니다. 인스턴트 항목에서 [인스턴스 명]을 클릭합니다.

02 [인스턴스 상세] 페이지에서 [삭제] 버튼을 클릭 후 다음 페이지에서 [인스턴스 삭제] 버튼을 클릭합니다.

12장

AWS 자격증 취득에 도전해보기

Amazon Certification

1 〉 IT 자격증은 필요 없다?

'IT 자격증은 필요 없다. 자격증을 취득하는 것은 시간낭비다' 주위에서 이런 말을 종종 듣게 됩니다. 이에 대한 필자의 주관적인 의견은 '반은 맞고, 반은 틀리다'입니다.

네이버 백과사전에 자격증에 대한 정의를 보면 다음과 같이 정의되어 있습니다. '[사회복지학사전] 자격증[Certification]이란, 사람이나 사물이 일정한 특성을 지니고 있음을 공식적으로 보장하는 것이다. 전문직의 법적 자격증은 그 자격증을 지닌 사람이 특정 수준의 지식과 기술을 보유하고 있음을 보증하는 것이다' 자격증 소유자가 해당 분야에서 특정 수준 이상의 지식을 보유하고 있음을 증명하는 객관적인 증명서입니다.

우리가 알고 있는 대부분의 전문직(의사, 변호사, IT 엔지니어, 중장비 기사 등)으로 근무하기 위해서는 그 사람이 해당 분야에서 필요로 하는 전문 지식을 보유하고 있는지를 증명하는 문서인 자격증이 필요합니다. 요리사의 경우도 한식, 양식, 일식 조리사 자격증이 있으며, 아이를 가르치는 선생님이 되기 위해선 교원자격증이 필요하고, 의사로 일하기 위해선 의사 자격의 취득을 증명할 수 있는 의사자격증이 필요합니다. 이렇듯 전문직으로 일을 하기 위해 필수적으로 자격증이 필요합니다. 특히 IT(Information Technology) 분야의 전문가로 일하기 위해선 다양한 분야에 대한 지식과 최신 지식에 대한 이해가 필요하며, 이에 대해 객관적인 증명을 위해 자격증이 필요합니다.

[그림 12-1] IT Certification

IT 직종에 종사하는 모든 사람이 자격증을 가지고 있는 것은 아닙니다. 빌 게이츠나 스티브 잡스가 자격증을 가지고 있어서 지금과 같이 위대한 IT 기업을 대표하는 CEO가 된 것은 아닙니다. 이러하듯 IT 업종의 모든 업무에서 전문 자격증을 필요로 하지는 않습니다.

다만 해당 분야에서 일정 수준 이상의 전문 지식을 보유하고 있어야 수행 가능한 업무 및 직종에 대해선 자격증 보유 여부가 매우 중요한 요인으로 작용됩니다. Network 분야의 엔지니어로 높은 수준의 연봉과 해당 분야의 전문가로 인정받기 위해선 CISCO의 CCIE(Cisco Certified Internetwork Expert)가 필요하며, 대기업 SI에서 대형 IT 프로젝트나 건설사의 대규모 건설 프로젝트 수행의 Project Manager 역할을 수행할 인력을 선택할 때 PMI 사의 PMP(Project Management Professional)와 같은 자격증 보유를 요구하는 경우도 있습니다.

IT 분야의 모든 직종에서 자격증을 필요로 하지 않지만 '해당 업무 수행에 필요한 일정 수준 이상의 지식을 보유하고 있다'는 것을 객관적으로 증명하는 것이 필요하여 자격증을 취득하는 것이고, 이는 분명 도움이 되는 일입니다. 이런 이유로 'IT 자격증은 필요할 수도 있고, 필요하지 않을 수도 있다'고 생각합니다. 이 또한 본인의 선택이 아닐까요?

2 〉 자기개발 = 다른 것을 준비하는 것?

IT 분야에서 일한다면 누구나 본인의 미래에 대한 고민이 있을 것이다. 이런 이유로 많은 사람들이 자기개발에 관심을 갖고, 책과 강의를 통해 본인에게 맞는 본인이 원하는 방법을 찾으려 노력합니다. 그러나 많은 사람들이 '자기개발 = 다른 것을 준비하거나 찾는 것'으로 생각합니다. 여기서 가장 중요하고 쉬운 방법은 현 분야에서 전문가가 되는 것입니다. 앞으로 여러분의 미래를 준비하고자 한다면, 해당 분야의 전문가가 되기 위해 노력해야 합니다.

IT 분야의 자격증 한두 개 더 취득한다고 미래를 책임져 주지는 않습니다. 다만 해당 분야의 전문가가 되기 위한 노력과 이를 위한 시간 투자는 언제나 필요합니다. 여러분이 클라우드 분야의 전문가가 되고자 한다면, 꼭 자격증을 취득할 필요는 없습니다. 전문가가 되기 위해 하루 30분이라도 업무와 관련 분야에서 클라우드를 활용해 성과를 높일 수 있는 부분에 대해 고민한다면 언젠가 당신은 전문가가 되어 있을 것입니다.

[그림 12-2] 자기개발

3 〉 당신의 능력을 객관적으로 평가받을 수 있는가?

조직에 소속되어 있는 개인에 대해 평상시 여러 가지의 기준으로 평가를 수행하며, 급여나 연봉, 승진 등에 영향을 미치게 됩니다. 회사 입장에서 조직원의 성장과 발전이 회사의 이익 증대에 중요한 영향을 미치기 때문에 임직원의 자기개발과 인재육성에 많은 투자를 합니다. 보통의 IT 회사는 사내/사외 교육 및 온라인 교육을 지원하며, 자격증 취득을 위한 교육과 시험 비용 지원 및 합격하는 경우 축하금을 지급하는 경우도 있습니다.

이러한 제도는 구성원의 자기개발에 대한 동기부여와 회사 입장에서의 인재육성 및 이를 통한 이익극대화라는 측면에서 대부분의 기업들이 선호하는 인재양성 방식입니다. 이외에도 전문 자격증 취득을 통해 조직 내에서 객관적으로 해당 분야의 전문가로 인정받을 수 있으며, 이는 본인에 대한 조직 내 평가에서 분명 플러스 요인으로 작용할 것입니다.

[그림 12-3] 당신에 대한 객관적인 평가

4 > Amazon Web Services Certification 개요

Amazon Web Services의 자격증은 프로페셔널 자격 시험 2개, 어소시에이트 자격 시험 3개, 기초 자격 시험 1개와 전문 분야 자격 시험 5개를 포함하여 총 11개의 자격증이 준비되어 있습니다. Amazon Web Services에서 제공되는 자격 시험은 다음과 같습니다.

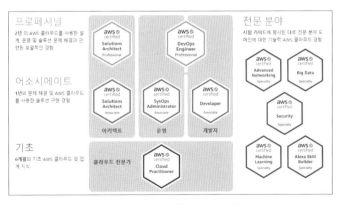

[그림 12-4] 제공되는 AWS 자격증

AWS Certification은 크게 역할 기반 인증시험과 전문 분야 인증시험으로 나뉩니다.

01 역할 기반 인증시험(Role-Based Certifications) : 3개의 영역과 기술의 숙련도에 따라 Foundational, Associate, Professional로 나뉩니다.

- **클라우드 종사자**(Cloud Practitioner) : AWS 클라우드에 대한 전반적인 이해를 가지고 있음을 검증하는 자격 시험
- **솔루션 아키텍트**(Solution Architect) : 솔루션 설계 엔지니어 및 AWS에서 애플리케이션과 시스템 설계 능력에 대한 기술 지식 검증
- **개발자**(Developer) : 클라우드 애플리케이션을 개발하는 소프트웨어 개발자의 기술 지식 검증
- **운영**(SysOps Administrator) : 시스템 운영 관리자, 시스템 관리자 및 AWS 플랫폼에서 애플리케이션, 네트워크, 시스템의 자동화 및 반복 가능한 배포를 생성하는 개발 운영 역할에 대한 기술 지식 검증

02 전문 분야 인증시험(Specialty Certifications) : 5개의 영역에 대해 전문가임을 인정받을 수 있는 테스트가 준비되어 있습니다.

- **빅데이터**(Big Data-Specialty) : 데이터에서 가치를 얻기 위해 AWS 서비스를 설계 및 구현하는 데 필요한 기술 전문성 테스트
- **고급 네트워킹**(Advanced Networking-Specialty) : 필요한 규모로 AWS 및 하이브리드 IT 아키텍처를 설계 및 구현하는 데 필요한 기술 전문성 테스트
- **보안**(Security-Specialty) : AWS 플랫폼 보안과 관련된 기술 전문성 테스트
- **머신 러닝**(Machine Learning-Specialty) : AWS 클라우드를 사용하여 머신 러닝 모델을 구축, 훈련, 최적화 및 배포하는 능력에 대한 전문성 테스트
- **알렉사 스킬**(Alexa Skill Builder-Specialty) : Amazon Alexa 스킬의 빌드, 테스트 및 배포를 수행 할 수 있는 능력에 대한 전문성 테스트

5 > 자격증 취득을 위한 준비

5-1 준비 방법

Amazon Web Services 자격증 취득을 위해 보통 6가지의 절차를 통합니다. 클라우드 개념에 대한 이해, 시험에서 요구하는 도메인에 대한 학습, 무료 실습 랩(Labs)과 AWS 프리티어를 활용한 실습, AWS White Papers를 이용한 지식 습득 및 학습, FAQ를 통한 중요사항 학습, 마지막 연습 문제 및 기출문제를 통해 시험의 유형을 파악하고 시험을 대비하는 방식을 권장합니다.

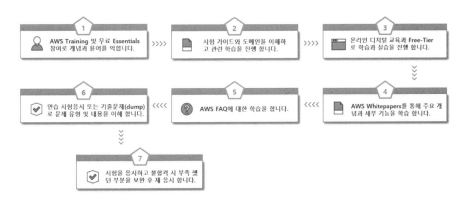

[그림 12-5] Amazon Web Services Certification 취득 준비 과정

5-2 자격 시험의 개요

AWS 자격 시험의 모든 시험은 CBT(Computer Based Testing)로 진행되며, 시험 응시는 온라인으로 신청할 수 있습니다. 시험은 수시로 진행되며 온라인으로 응시 가능 자와 시간, 시험 장소를 선택 후 결제를 합니다. 2018년 2월 Solution Architect Associate 시험이 갱신되면서 지원 언어가 일어/영어로 변경되었습니다(2018년 2월 이전 시험까지는 한글 시험이 지원되었습니다). 다만 영어권 이외의 국가에 대해선 별도 신청을 통해 응시 시간을 30분 추가 가능합니다.

구분	Foundational	Associate	Professional	Specialty
지원 언어	영어, 한국어	영어, 한국어	영어, 한국어	영어, 한국어,
시간	120분	160분	170분	170분
응시료	$100 USD	$150 USD	\$300 USD	
연습 시험	$20	$20	$40 USD	
선수 조건	없음	없음	없음	
시험 방식	테스트센터, 온라인	테스트센터(CBT)		
문제 유형	다지선다형, 다답형(예를 들어, 보기 5문제 중 정답이 3개)			
기타	− **점수** : 100점~1,000점까지 채점됨 − **시험 결과** : 시험 완료 후 바로 확인 가능하며 채점 결과는 이메일 통보 − **합격점** : 보통 700점 이상 Pass − **자격증 유효 기간** : 3년(3년마다 재 갱신 필요)			

5-3 ▶ 시험 장소

구분	이름	주소	전화번호
서울시	솔데스크(Soldesk)	서울 종로구 종로12길 15 코아빌딩 5층	02-6901-7001
	KG IT Bank 테스트센터(종로점)	서울특별시 종로구 돈화문로 26, 3~5층 (묘동, 단성사)	02-3676-7800
	영우 글로벌 러닝	서울시 강남구 학동로 171 2층	02-6004-7588
	피터 비즈 센터 연희점	서울특별시 서대문구 홍연길 77 한인트윈빌 202호	02-333-2664
	SRTC	서울 송파구 송파대로 167 문정역테라타워 1차 B동 1310호	02-2054-3582
고양시	피터 비즈 센터 대화점	경기도 고양시 일산서구 일산로 774 201호	070-7424-0362
부산시	KG IT Bank 테스트센터(부산점)	부산광역시 해운대구 우동 센텀2로 25 센텀드림월드 11층	051-743-6966

6 〉 Amazon Web Services 개념 및 용어 이해하기

대학생이나 사회 초년생들에게 가장 많이 받는 질문 중 하나는, 'IT 분야에 대해 잘 모르는데 얼마나 공부하면 클라우드를 잘 할 수 있는지'에 대한 문의입니다. 이런 질문을 받으면 난감합니다. '클라우드란, 특정 IT 분야의 지식만 있으면 배울 수 있는 부분이 아니라, IT의 전반적인 지식과 기술적 이해가 필요한 것'이기 때문입니다. 이러한 이유로 처음 클라우드를 접하거나 IT 초보자들이 공부하면서 가장 어려운 것 중 하나가 생소한 IT 용어들과 기본적인 개념들을 이해하는 것입니다.

Amazon Web Services는 클라우드를 처음 접하거나, IT 초보자를 위해 다양한 행사와 정기 교육을 통해 무료 교육 및 온라인 교육을 제공합니다.

이러한 교육은 초보자를 위한 기초 과정부터 전문가 수준의 심화 교육 및 실습까지 다양한 분야에 걸친 고급 정보를 무료로 제공받을 수 있습니다.

온라인/오프라인 Workshop을 통해 클라우드의 기본적인 용어와 개념을 이해하게 되면 이후 자격증 취득을 위한 학습에 많은 도움이 될 것입니다. Amazon Web Services에서 제공하는 정기적인 행사와 세미나 정보는 https://aws.amazon.com/ko/about-aws/events/을 참조합니다.

[그림 12-6] 행사 및 교육 일정

[그림 12-7] 정기 교육

7 > 시험 가이드를 통한 출제 범위와 Outline 확인

Amazon Web Services 자격 시험은 각 분야별 문제은행을 통해 출제되는 방식으로, 분야별 주요한 도메인에서 출제 범위와 각 도메인별 배분 비율에 차이가 있습니다. 자격 시험에 대한 본격적인 학습 전에 시험 가이드를 통해 출제 도메인 및 범위를 확인하고 배분 비율을 확인하여 효율적인 학습을 위한 전략을 수립하여 학습을 진행하기 바랍니다. Amazon 자격증 안내서 페이지는 https://aws.amazon.com/ko/certification/certification-prep/를 참조합니다.

[그림 12-8] AWS training and certification

8 > Amazon에서 제공하는 무료 디지털 교육과 프리티어 실습

Amazon 온라인에서 AWS 서비스 및 솔루션에 대한 기초 교육을 위한 디지털 온라인 교육에 대한 무제한으로 액세스 가능한 AWS Training 코스를 제공합니다.

[그림 12-9] AWS Training 코스

AWS Training 코스는 100개가 넘는 디지털 코스가 준비되어 있으며 대부분의 교육을 무료로 제
공하고 있습니다.

[그림 12-10] AWS 디지털 코스

AWS Training은 경력 수준별, 언어별, 분야별, 직무별로 본인이 필요한 디지털 교육을 선택하여
수강할 수 있습니다.

이를 통해 기본적인 AWS 서비스에 대한 이해와 지식을 쌓는데 도움을 받을 수 있습니다. 무료 디지털 강의 수강 방법은 AWS Training & Certification 웹 사이트 https://www.aws.training/에 접속 후 이용할 수 있습니다.

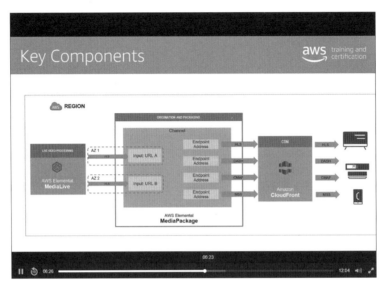

[그림 12-11] AWS 온라인 교육

Amazon Web Services 서비스에 대한 이해를 얻기 위해 Amazon Web Services 프리티어를 활용 하여 무료로 진행할 수 있습니다. AWS 프리티어란, AWS 플랫폼, 제품 및 서비스를 무료로 체 험해 볼 수 있는 기회를 제공하는 것으로 AWS 주요 서비스에 대해 12개월간 무료로 사용하면서 서비스를 이용해 볼 수 있습니다.

이런 프리티어(Free Tire)를 활용하여 AWS의 주요 서비스에 대한 실습을 진행할 수 있습니다.

또한 실습을 위한 자습서 및 프로젝트, 사용 사례별 리소스를 활용하여 이론과 실습을 결합 한 체험을 통해 클라우드 서비스에 대해 좀 더 효과적으로 이해할 수 있습니다. Amazon Web Services 프리티어 페이지는 https://aws.amazon.com/ko/free/를, Amazon Web Services 시작하 기 리소스 센터는 https://aws.amazon.com/ko/getting-started/를 참조합니다.

[그림 12-12] AWS 무료 제공 대상 세부 정보

[그림 12-13] AWS 시작하기 리소스 센터

9 > AWS 온라인 백서 및 FAQ 활용하기

Amazon은 AWS의 주요 서비스와 새로운 기술에 대한 상세한 설명, 가이드, 모범 사례 및 적용 방법에 대해 AWS 백서로 온라인상에서 제공합니다. AWS 백서에서는 아키텍처, 보안, 경제성과 같은 주제를 다루는 포괄적인 범위에 대해 AWS 기술 백서를 제공합니다.

[그림 12-14] AWS 백서

이러한 백서는 AWS 내부 엔지니어, 독립적인 애널리스트 또는 AWS 커뮤니티(고객 또는 파트너)에 의해 작성되며, 각 산업 분야의 전문 애널리스트가 작성한 수준 높은 보고서도 같이 제공됩니다. 그리고 지속적으로 업데이트되고 새롭게 등록됩니다.

Amazon Web Services 자격 시험을 준비하는 과정에서 주요 서비스에 대한 지식 습득과 이해를 위한 AWS 백서를 활용하는 방법은 매우 중요한 자격증 준비 방법 중 하나입니다. AWS 백서는 https://aws.amazon.com/ko/whitepapers/를, AWS 한국어 기술 백서 목록은 https://aws.amazon.com/ko/blogs/korea/ko-whitepapers/를 참조합니다.

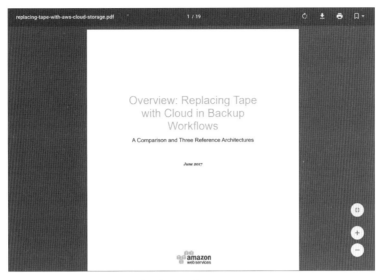

[그림 12-15] Overview

AWS 자격 시험을 준비하는 과정에서 중요한 자료 중 하나가 바로 AWS FAQ입니다. AWS FAQ 란, AWS 주요 서비스에 대해 많이 물어보는 질문과 답변을 모아 놓은 내용으로 서비스에 대한 정의, 용도, 시작 방법 및 비용, 결제 등 해당 서비스를 사용하면서 궁금할 수 있는 다양한 내용들을 정리해 놓은 것입니다.

[그림 12-16] AWS FAQ

인터넷상의 시험 후기나 시험에 대한 가이드에서 FAQ에 대한 언급이 빠지지 않는 이유는, 대부분 시험 문제에 출제되는 유형 및 질문의 내용들이 FAQ에서 많이 언급되기 때문입니다. FAQ는 https://aws.amazon.com/ko/faqs/를 참조합니다.

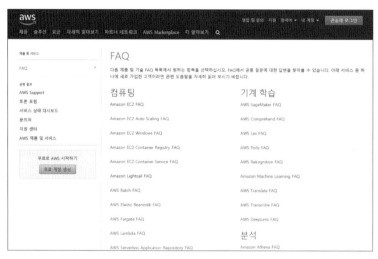

[그림 12-17] 서비스별 FAQ

그렇기 때문에 주요 서비스별 FAQ에 대해 정독하고 이해하는 것이 시험을 준비하는 과정에서 매우 중요한 일입니다. 여러분이 FAQ를 정독하고 이해할 수 있게 된다면, 시험에 꼭 합격할 수 있습니다.

10 > 연습 시험 및 기출문제 풀이

Amazon Web Services 시험을 응시하기 전에 본인이 지금까지 공부한 내용을 평가해보고 싶거나, 모의고사를 통해 본인의 현재 위치에 대해 평가해보고자 한다면, 연습 시험(Practice)에 응시할 수 있습니다. 연습 시험은 보통 $20~40 USD 비용이 발생하며, AWS Training & Certification 웹 사이트 https://www.aws.training/에서 신청 가능합니다.

[그림 12-18] Upcoming Exams

마지막으로 시험 준비 방법은 인터넷상의 기출문제(일명 Dump)를 통해 학습을 진행하는 것입니다. 일반적인 외국계 IT 밴더에서 제공하는 시험이 그렇듯, Amazon Web Services 인증 시험도 문제은행 기반으로 운영되며, 기출문제를 인터넷상에서 어렵지 않게 구할 수 있습니다.

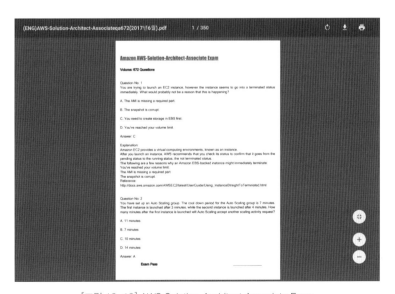

[그림 12-19] AWS Solution Architect Associate Exam

여기에는 한 가지 큰 위험 요소가 있습니다. 실제 출제되는 문제와 100% 동일하지 않으며, 문제에 대한 답도 100% 맞지 않습니다. 그래서 흔히 기출문제만 달달 외워서 시험을 보다간 아까운 응시료만 날려버리게 되는 일이 부지기수로 발생합니다.

기출문제를 통해 시험의 유형과 사전 테스트 용도로 준비하는 것은 나쁘지 않은 방법입니다. 다만 기출 문제만을 맹신한다면 99.999% 쓰디쓴 고배를 마시게 될 것입니다.

11 〉 에필로그 : Global 15 Top Paying IT Certifications In 2018

IDC에 의해 세계 최대의 독립적인 IT 및 BT 교육 기업으로 선정된 바 있는 《글로벌널리지(Global Knowledge)》는 2018년 3월 '글로벌 IT 분야의 연봉 보고서'에 관한 연구 결과를 토대로 '15 Top Paying IT Certifications In 2018'를 발표했습니다. 본 연구의 목적은 사이버 보안, 클라우드 컴퓨팅, 엔터프라이즈 IT, 네트워킹 분야의 전문가들이 높은 급여와 해당 분야의 전문가로써 능력은 인정받는 데 필요한 기술을 명확히 하는 데 초점을 맞추고 있습니다.

'2018년 수익성이 가장 높은 IT 인증 시험'에 관한 설문 조사 결과로 '15 Top Paying IT Certifications In 2018'를 요약할 수 있습니다. 본 설문조사는 전세계를 대상으로 실시되었으며, 미국의 IT 시장 수요와 임금 수준을 반영한 상위 15개 인증 시험을 선정하였습니다. 또한 해당 설문조사 결과가 통계적으로 유효하고, 해당 인증 시험이 현재 시점에서 응시 가능한 시험 인지를 확인하기 위해, 최소 100개 이상의 응답을 받은 인증 시험을 대상으로 결과를 집계하였습니다.

15개 인증 시험에 대한 평균 연봉은 $108,109이며, 가상화 및 클라우드 컴퓨팅 인증이 $112,955, 보안 인증이 $109,989, 네트워크 인증이 평균 $99,310의 급여가 지급됩니다. Amazon Web Services의 인증과 엔터프라이즈 IT 및 보안 분야의 급여는 상위 15개 인증의 평균 급여 수준보다 훨씬 높습니다.

Amazon Web Services 인증 5개 모두, 시장 상위에 위치하며 평균 $125,591의 급여를 지불받습니다. 미국에서 AWS Certified Solutions Architect Associates는 현재 수요는 많지만 공급이 부족하여, 높은 급여와 채용 장려금이 보장됩니다.

Most Valuable IT Certifications, 2018

(Source: Global Knowledge Study, 15 Top-Paying Certifications for 2018)

Certification	Annual Salary
Certified in the Governance of Enterprise IT(CGEIT)	$121,363
AWS Certified Solutions Architect-Associate	$121,292
Project Managemanet Professional(PMP)	$114,473
AWS Certified Developer-Associate	$114,148
Certified Information Systems Security Professional(CISSP)	$111,475
Certified in Risk and Information Systems Control(CRISC)	$111,049
Certified Information Security Manager(CISM)	$108,043
Certified ScrumMaster	$106,938
Certified Ethical Hacker(CEH)	$106,375
Six Sigma Green Belt	$104,099
Citrix Certified Professional-Virtualization(CCP-V)	$103,424
Microsoft Certified Solutions Expert(MCSE)-Server Infrastructure	$100,656
Certified Information Systems Auditor(CISA)	$99,684
Cisco Certified Networking Professional(CCNP) Routing and Switching	$99,402
Citrix Certified Associate-Networking(CCA-N)	$99,217

AWS가 퍼블릭 클라우드 플랫폼으로 다른 클라우드 경쟁사보다 높은 수준의 점유율을 보임으로 써 AWS 자격증을 보유하고 있는 엔지니어나 아키텍트에 대한 수요를 더 높은 수준으로 끌어올 리는 촉매제 역할을 하고 있습니다. 또한 많은 기업들이 AWS를 개발 플랫폼으로 선택함으로써 클라우드 애플리케이션에 대한 서비스 도입을 앞당기고 있으며, 기업 내 IT 팀은 AWS Certified Developer - Associate 인증을 받은 개발자 및 기술 전문가를 채용함으로써 기업 내 새로운 애플리 케이션을 만드는 데 필요한 전문가를 확보하기 위해 평균 $114,148 비용을 지불하고 있습니다.

13장

AWS Training 계정 생성 및 시험 신청 방법

Amazon Certification

1 > AWS Training And Certification 계정 생성 및 무료 교육 신청

01 http://www.aws.training에 접속 후 오른쪽 상단 [로그인] 버튼을 클릭합니다.

02 [로그인] 페이지에서 [Sign In] 버튼을 클릭합니다.

03 [Amazon 계정 만들기] 버튼을 클릭합니다.

04 [계정 만들기] 페이지에서 [이름], [이메일], [비밀번호], [비밀번호 다시 입력]에 정보를 입력하고 [Amazon 계정 만들기] 버튼을 클릭합니다.

05 계정 생성을 위한 프로필 정보를 입력 후 [저장] 버튼을 클릭합니다.

06 계정 생성이 완료되었습니다. 추가로 무료 온라인 교육을 진행하고자 한다면, [교육 검색] 메뉴를 클릭하여 원하는 교육을 검색 후 진행합니다.

2 > AWS 자격증 계정 생성 및 정보 업데이트

01 AWS Training And Certification 로그인 후 상단의 자격증 메뉴를 클릭하여 자격증 신청 페이지 이동 링크를 클릭합니다.

02 AWS 자격증 계정 생성을 위해 [여기를 클릭하여 새로운 AWS 자격증 계정을 생성하십시오] 버튼을 클릭합니다.

03 [자격증 계정 생성] 페이지에서 필요한 정보를 수정 후 [예] 버튼을 클릭합니다.

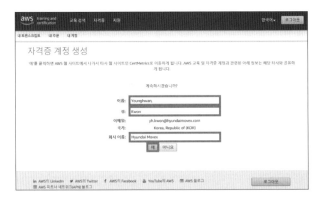

04 시험을 신청하기 위해 [AWS Certification] 페이지에서 시험 응시에 필요한 추가 정보 입력을 위해 "demographics" 링크를 클릭합니다.

05 시험 응시에 필요한 추가 정보 입력 후 하단의 [Update/Confirm] 버튼을 클릭합니다.

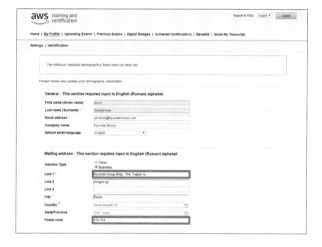

3 〉 AWS 자격증 영문 시험 추가 시간(+30분) 배정 방법 및 시험 신청 방법

01 추가 시간 배정을 위해 [Up coming Exams] 메뉴를 클릭합니다.

02 [Request Exam Accommo dations] 버튼을 클릭합니다.

03 [Exam Accommodations] 페이 지에서 [Request Accommodation] 버튼을 클릭합니다.

04 [Request Exam Accommodations Submissions Form] 페이지에서 [Accommodation Type]를 "ESL +30 MUNUTES"를 선택 후 [Create] 버튼을 클릭합니다.

05 [Request Exam Accommodations] 페이지에서 신청 상태를 확인할 수 있으며, 신청은 자동으로 처리됩니다.

06 이후 PSI에서 영문으로 시험을 신청하는 경우 추가 시험 시간 (130분 → 160분)이 포함되어 신청됨을 확인할 수 있습니다.

4 > AWS 자격증 시험 예약 및 신청

01 AWS Certification Home으로 이동 후 [Schedule New Exam] 버튼을 클릭합니다.

02 [PSI 시험 응시] 페이지에서 본인이 응시하고자 하는 시험을 선택후 [Schedule Exam] 버튼을 클릭합니다(주의!! 정확하게 응시하고자 하는 시험이 맞는지, 신규로 릴리즈된 시험인지 여부를 확인합니다).

03 시험 확인 후 [Select Language]에서 언어 선택 후 하단의 [Search Exam Center] 버튼을 클릭합니다.

04 경기도, 서울 권역 10개 지역의 시험 센터 중 본인이 원하는 센터 선택하고 일정 및 시간을 선택 후 하단의 [Continue] 버튼을 클릭합니다.

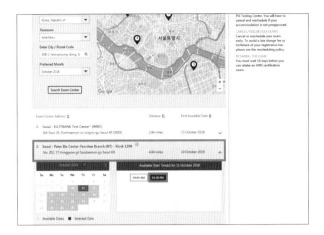

05 본인이 선택한 시험 센터와 일자, 시간을 확인 후 [Continue] 버튼을 클릭합니다.

06 [결제] 페이지에서 내용을 확인하고 신용카드 정보를 입력 후 [Pay Now] 버튼을 눌러 시험 신청을 완료합니다.

찾아보기